技工院校汽车类专业（中级技能层级）
中等职业学校汽车类专业

汽车电气设备构造与维修（第三版）习题册

邹龙军　主编

中国劳动社会保障出版社

简介

本习题册是技工院校汽车类专业教材（中级技能层级）/ 中等职业学校汽车类专业教材《汽车电气设备构造与维修》（第三版）的配套用书。习题册内容紧扣教学要求，注重基础知识的巩固和基本能力的培养，知识点分布均衡，题型丰富，难易适当，有助于学生复习巩固所学知识。

本习题册由邹龙军主编，李春发、杨臣尉、鲁洪波、刘敏、尹晖、欧阳博、贺可、彭弘哲参与编写，羌春晓审稿。

图书在版编目（CIP）数据

汽车电气设备构造与维修（第三版）习题册 / 邹龙军主编 . -- 北京 : 中国劳动社会保障出版社，2025.
（技工院校汽车类专业）（中等职业学校汽车类专业）.
ISBN 978-7-5167-6914-0

Ⅰ. U472.41-44

中国国家版本馆 CIP 数据核字第 2025NR5534 号

中国劳动社会保障出版社出版发行
（北京市惠新东街 1 号　邮政编码：100029）

*

北京市鑫霸印务有限公司印刷装订　　新华书店经销
787 毫米 ×1092 毫米　16 开本　7.5 印张　135 千字
2025 年 3 月第 1 版　　2025 年 11 月第 3 次印刷
定价：15.00 元

营销中心电话：400-606-6496
出版社网址：https://www.class.com.cn
https://jg.class.com.cn

目　录

项目一　汽车电气系统概述

任务 1　汽车电气系统认知

一、填空题

1．汽车电气系统由________系统、________系统、________系统、____________系统、______________系统、辅助电气设备和空调系统等组成。

2．汽车起动系统主要由_________、_________和起动控制装置等组成。

3．汽车点火系统主要由____________、_________、__________________和各种传感器等组成。

4．常用的汽车仪表包括______表、______表、燃油油量表等。

5．汽车辅助电气设备主要包括_______________、风窗玻璃洗涤器、电动座椅、____________、汽车音响、倒车影像和倒车雷达等。

6．汽车空调系统主要由____________、____________、通风装置、空气净化装置等组成。

7．汽车电源系统通过_________和_________并联供电。

8．汽车电气系统工作额定电压包括______V 和______V 两种。

二、判断题

1．汽车电源系统为汽车提供足够的电功率和稳定的工作电压。（　　）

2．汽车起动系统仅用来起动汽车发动机。（　　）

3．汽车仪表与警报系统用来监测、指示汽车工况和性能状况。（　　）

4．汽车照明与信号系统仅包括车内外照明灯具。（　　）

5．当发电机输出电压高于蓄电池的电压时，发电机单独供电，蓄电池处于放电状态。（　　）

6. 高压的优点是所需蓄电池单格数少，使蓄电池的体积和质量减小；低压的优点是安全性好。 (   )

三、单项选择题

1. 汽车电源系统主要由（   ）、发电机、电压调节器和点火开关等组成。

A. 发动机　　B. 变速器

C. 蓄电池　　D. 压缩机

2. 汽车点火系统产生（   ）电火花，以点燃发动机气缸内的可燃混合气体。

A. 低压　　B. 高压

C. 中压　　D. 任意压力

3. 发动机起动后，带动（   ）发电，给汽车上的电气设备供电。

A. 蓄电池　　B. 电容

C. 电压调节器　　D. 发电机

4. 当发电机输出电压低于蓄电池的电压时，发电机和蓄电池（   ）联供电。

A. 并　　B. 串

C. 混　　D. 任意

5. 汽车起动时，（   ）向起动系统供电，起动发动机。

A. 蓄电池　　B. 电容

C. 电压调节器　　D. 发电机

6. 汽油机一般采用（   ）V 额定电压。

A. 6　　B. 12

C. 24　　D. 36

7. 柴油机一般采用（   ）V 额定电压。

A. 6　　B. 12

C. 24　　D. 36

8. 汽车所有电气设备均采用（   ）连接。

A. 并联　　B. 串联

C. 混联　　D. 任意

四、看图填空题

1．将汽车电源系统主要组成部件的名称填写在下图中的横线上。

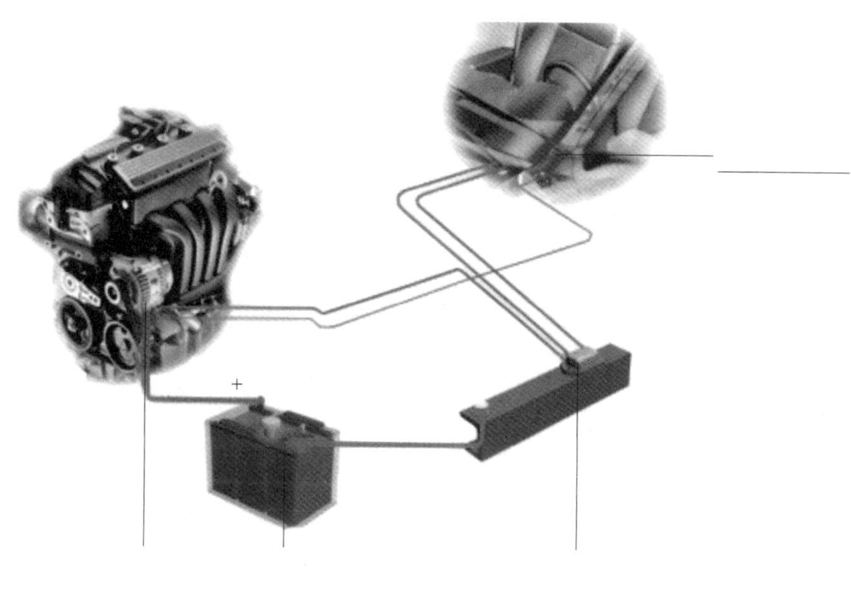

2．将汽车起动系统主要组成部件的名称填写在下图中的横线上。

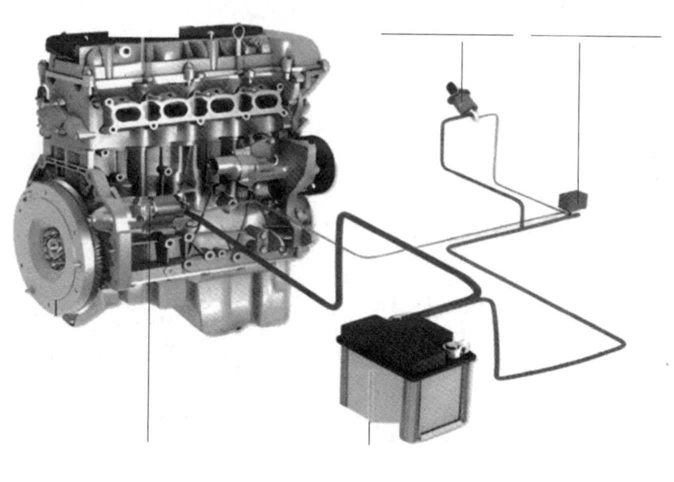

五、简答题

1．简述汽车电气系统的基本特点。

2．简述安装车辆防护用品的内容。

3. 简述“8S”管理规定的内容。

任务2　汽车电气系统检测工具使用

一、填空题

1. 跨接线是一段____股导线，两端分别接有鳄鱼夹或不同形式的插接器。

2. 测试灯分为______测试灯和______测试灯两种类型。

3. 常用的万用表包括______式和______式两种类型。

4. 使用指针式万用表测量电阻时，电阻挡的______应选择适当。

5. 测量电流时，应将万用表____联在被测电路中；测量电压时，应将万用表____联在被测电路中。

6. 数字式万用表的直流电压挡用_____表示，交流电压挡用_____表示。

7. 数字式万用表的蜂鸣器挡可用来测量线路______。

8. ______________可以在不断开电路的情况下，直接测量电路中的大电流。

二、判断题

1. 使用跨接线时，应根据检测部位和使用的检测仪器，采用带有相应插接器的跨接线连接要检测的电路。（　　）

2. 测试灯主要用于电路故障检测。（　　）

3. 在维修手册没有特殊说明的情况下，可使用测试灯检测汽车电子控制单元故障。（　　）

4. 指针式万用表每更换一次电阻挡量程，均应先进行电阻调零。（　　）

5. 可以使用指针式万用表检测电子控制单元，不会烧坏元件。（　　）

6. 在测量电压或电流时，若难以判断被测量的范围，应从小到大选择万用表的量程。（　　）

7. 使用万用表测量电路中的电流时，需断开电路并将万用表串联在电路中。（　　）

三、单项选择题

1. 使用指针式万用表测量直流电压或直流电流时，红表笔应接被测元器件的（　　）端。

A. 高电位　　B. 低电位

C. 任意　　D. 搭铁

2. 使用指针式万用表测量电阻时，红表笔应接被测元器件的（　　）端。

A. 高电位　　B. 低电位

C. 任意　　D. 搭铁

3. 数字式万用表的黑表笔应插入（　　）插孔。

A. 　　B. A

C. mA　　D. COM

4. 使用数字式万用表测量二极管时，红表笔应插入（　　）插孔。

A. 　　B. A

C. mA　　D. COM

5. 测试灯的功能不包括（　　）。

A. 检测电路有无短路故障　　B. 检测电路有无断路故障

C. 检测电路是否欠压　　D. 检测电路电流大小

6. 使用指针式万用表测量电阻时，若指针未指示电阻零位，可旋动（　　）旋钮，使指针回到电阻零位。

A. 电阻调零　　B. 机械调零

C. 功能和量程选择　　D. 任意

7. 若数字式万用表的正、负极性与被测元器件的高、低电位相反，显示屏数值左侧会出现（　　）。

A. +　　B. =

C. –　　D. %

8. 钳形电流表一般用于测量（　　）电流。

A. 直流　　B. 交流

C. 交、直流　　D. 任意

四、看图填空题

1. 将指针式万用表主要组成部件的名称填写在下图中的横线上。

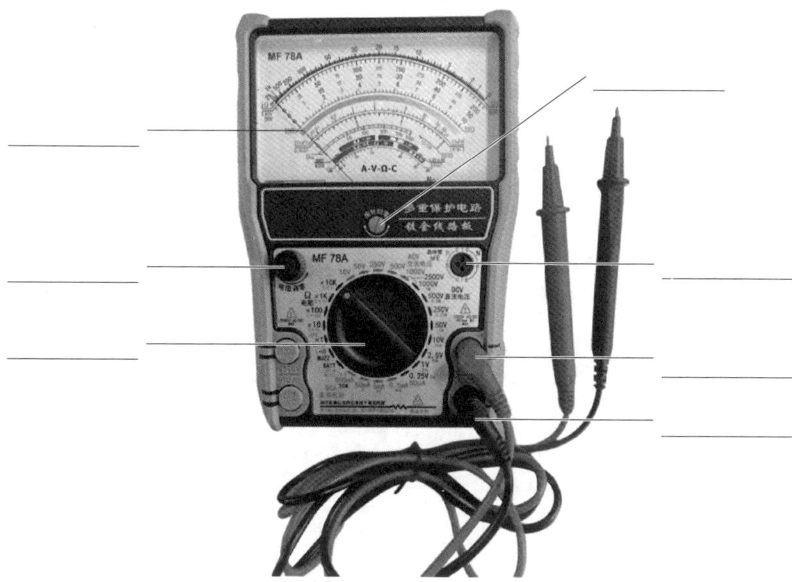

2. 将数字式万用表主要组成部件的名称填写在下图中的横线上。

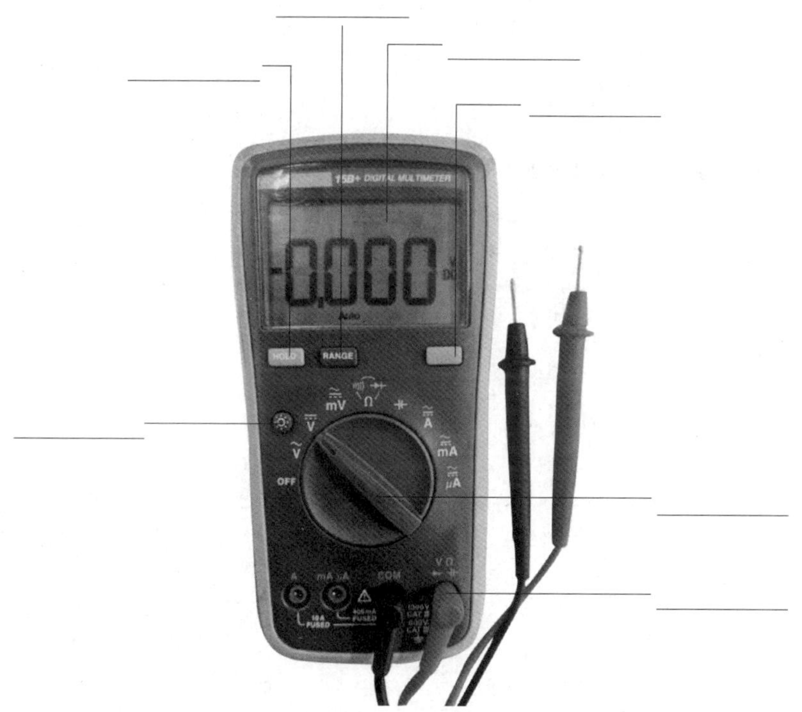

五、简答题

1．简述指针式万用表的使用注意事项。

2．简述钳形电流表的使用注意事项。

3．简述使用数字式万用表测量线路通、断的方法。

4．简述使用数字式万用表测量直流电压的方法。

任务3　汽车电路和电气元件检测

一、填空题

1．汽车电路的三个基本电参数是______、______和______。

2．使用万用表测量汽车蓄电池的电压时，红表笔接蓄电池___极，黑表笔接蓄电池____极。

3．每次使用指针式万用表测量电阻前，均应____接两表笔，使指针指示电阻零位。

4．若指针式万用表调零后指针仍不能指示电阻零位，应更换表内______。

5．将指针式万用表置于电阻挡，红表笔相当于电源的___极，黑表笔相当于电源的____极。

6．将数字式万用表置于二极管挡，红表笔相当于电源的____极，黑表笔相当于电源的____极。

7．三极管按内部结构可分为________型和________型。

8. 三极管的三个引脚分别是________、________和________。

二、判断题

1. 使用万用表测量直流电压时，应选择合适的量程。 ( )

2. 使用万用表测量汽车电路的电流时，可以用小量程去测量大电流。 ( )

3. 将数字式万用表置于二极管挡，红、黑表笔分别接二极管的两引脚，就可以测量二极管的正、反向压降。 ( )

4. 使用指针式万用表可以判定小容量电容器的质量好坏。 ( )

5. 使用指针式万用表检测小容量电容器时，两只手应同时捏住电容器的两引脚。 ( )

6. 将指针式万用表置于电阻挡的适当量程（“×100”或“×1k”挡），红、黑表笔分别接二极管的两引脚，就可以测量二极管的正、反向电阻。 ( )

三、单项选择题

1. 使用万用表测量汽车电路的电压时，万用表应以（ ）方式与被测电路相接。

A. 串联　　B. 并联

C. 混联　　D. 随意

2. 使用万用表测量汽车电路的电流时，万用表应以（ ）方式与被测电路相接。

A. 串联　　B. 并联

C. 混联　　D. 随意

3. 使用万用表测量汽车电路的电阻时，应先将电阻的某引脚（ ）。

A. 断开　　B. 短接

C. 虚接　　D. 随意连接

4. 使用数字式万用表测量时，电流是从（ ）表笔流出的。

A. 红　　B. 黑

C. 双向　　D. 红、黑

5. 二极管内部有（ ）个 PN 结。

A. 1　　B. 2

C. 3　　D. 4

6．三极管内部有（　　）个 PN 结。

A．1　　B．2

C．3　　D．4

7．硅二极管的正向压降一般为（　　）V。

A．0.2~0.3　　B．0.3~0.4

C．0.5~0.7　　D．0.7~0.9

8．锗二极管的正向压降一般为（　　）V。

A．0.2~0.3　　B．0.3~0.4

C．0.5~0.7　　D．0.7~0.9

四、简答题

1．简述使用指针式万用表检测二极管的方法。

2．简述使用数字式万用表检测二极管的方法。

3．简述使用指针式万用表检测三极管类型的方法。

4．简述使用数字式万用表检测三极管类型的方法。

项目二　汽车电源系统构造与维修

任务1　蓄电池认知

一、填空题

1. 汽车蓄电池是一种______装置。

2. 当发动机不工作时，________向有需求的用电设备供电。

3. 蓄电池包括______蓄电池和______蓄电池两种类型。

4. 铅酸蓄电池可分为___________蓄电池、___________蓄电池、_________蓄电池和_________蓄电池等。

5. 汽车电源系统主要由________、________、______________、充电状态指示装置、点火开关等组成。

二、判断题

1. 发电机可以保持整车电气系统电压的相对稳定。（　　）

2. 蓄电池可以缓和电气系统中的冲击电压，保护用电设备和电子元器件。（　　）

3. 汽车一般采用铅酸蓄电池，因为铅酸蓄电池放电能力强。（　　）

4. 蓄电池是主要电源，发电机是辅助电源。（　　）

5. 蓄电池在汽车上的安装位置主要根据车型和结构而定，一般轿车的蓄电池安装在发动机舱内，有些车型则安装在行李舱内。（　　）

三、单项选择题

1. 汽车蓄电池是一种（　　）电源。

A. 低压直流　　B. 低压交流

C. 高压直流　　D. 高压交流

2. 当发电机输出电压高于蓄电池电压时，蓄电池将发电机多余的电能转化为（　　）储存起来。

A．热能　　B．化学能

C．内能　　D．机械能

3. 现代轿车基本上都采用（　　）蓄电池。

A．湿式荷电　　B．干式荷电

C．少维护　　D．免维护

4. 蓄电池和发电机（　　）在汽车电路中。

A．混联　　B．串联

C．并联　　D．任意连接

5. 起动发动机时，蓄电池要在5 s内向起动机连续供给强大电流，汽油车一般需要（　　）A。

A．100~600　　B．400~800

C．600~1 000　　D．800~1 000

四、看图填空题

1. 将汽车电源系统主要组成部件的名称填写在下图中的横线上。

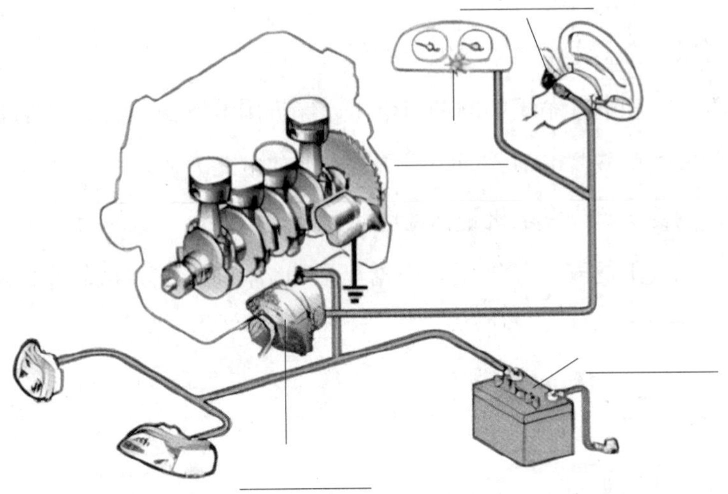

2．将蓄电池主要结构的名称填写在下图中的横线上。

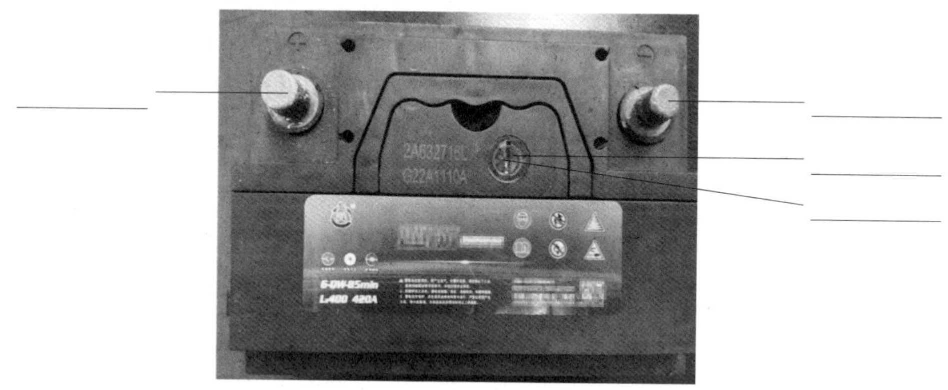

五、简答题

1．简述蓄电池的作用。

2. 简述蓄电池外观检查的内容。

任务2　蓄电池构造和工作原理

一、填空题

1. 铅酸蓄电池一般由______、______、________、______、电池盖、观察孔、极端等组成。

2. 极板是蓄电池的主要元件，极板与____________________相互作用完成能量的转化。

3. 极板分为________和________。

4. 隔板在正、负极板之间，起______作用，以减小蓄电池的体积。

5. 电解液由蒸馏水和________配制而成。

6．蓄电池放电过程中，电解液中的______被消耗，而____增多，电解液密度逐渐______。

7．随着硫酸铅的增多，蓄电池内阻______。

8．蓄电池充电过程中，电解液中的_______被消耗，而_______增多，电解液密度逐渐______。

二、判断题

1．蓄电池的正极板由栅架及黏附其上的棕红色活性物质二氧化铅构成。（　　）

2．蓄电池有一个排气孔，可排出蓄电池内的水。（　　）

3．免维护蓄电池在电池盖上设有观察孔。（　　）

4．蓄电池外壳应具有耐酸、耐寒、耐高温、抗冲击的特性和足够的机械强度。（　　）

5．蓄电池内单格电池之间使用联条串联，形成 12 V 蓄电池。（　　）

6．蓄电池放电过程中，极板上的活性物质与电解液反应生成硫酸铅和水。（　　）

7．蓄电池放电过程中，正、负极板上的活性物质逐渐转变为硫酸铅。（　　）

8．充电是指当外加直流电源电压高于蓄电池正、负极板间电位差时，电流将沿与放电相反的方向流过蓄电池的过程。（　　）

三、单项选择题

1．下列选项中，不属于蓄电池组成部分的是（　　）。

A．极板　　B．隔板

C．电枢　　D．电解液

2．下列选项中，关于蓄电池极板描述错误的是（　　）。

A．极板是蓄电池的主要元件，极板与电解液中的硫酸相互作用完成能量的转化

B．极板分正极板和负极板

C．正极板由栅架及黏附其上的棕红色活性物质二氧化铅构成

D．负极板为白色的海绵状纯铅

3．下列选项中，关于蓄电池隔板描述错误的是（　　）。

A．隔板放在正、负极板之间

B．隔板起绝缘作用

C．隔板由多孔、耐酸、抗氧化的绝缘材料制成

D．隔板用于连接正负极板

4. 下列选项中，关于蓄电池型号 6–QW–60 描述错误的是（　　）。

A. 第一部分为蓄电池电压

B. 第一部分为串联的单体蓄电池数

C. 第二部分为蓄电池用途、结构特征代号

D. 第三部分为标准规定的额定容量

5. 下列选项中，关于蓄电池工作特性描述错误的是（　　）。

A. 聚集电子的板产生较高的负电位，称为负极板

B. 极板放入电解液中，因物理作用产生电离

C. 失去电子的板产生正电位，称为正极板

D. 在两块极板之间会产生电动势

6. 下列选项中，关于蓄电池充电过程描述错误的是（　　）。

A. 充电时，外加直流电源电压高于蓄电池正、负极板间电位差

B. 充电时，电流将沿与放电相反的方向流过蓄电池

C. 充电时，硫酸被消耗，而水增多

D. 随着充电的进行，电解液密度逐渐升高

7. 下列选项中，关于蓄电池技术参数描述错误的是（　　）。

A. 当蓄电池处于静止状态时，其正、负极板之间的电位差称为蓄电池的导通电压

B. 蓄电池都有内阻，其大小与蓄电池的容量、极板、电解液、工作状态和制造工艺有关

C. 蓄电池的容量表示蓄电池对外供电的能力

D. 额定容量是检验蓄电池质量的重要指标之一

8. 下列选项中，关于蓄电池冷起动电流（CCA）描述错误的是（　　）。

A. CCA 是指在规定的低温状态下（–18 ℃），蓄电池在电压降至规定的终止电压前，连续 30 s 释放出的最大电流

B. CCA 表示蓄电池的低温起动能力

C. CCA 越大，蓄电池低温起动能力越弱

D. CCA 是检验蓄电池质量的重要指标之一

9. 下列选项中，关于蓄电池荷电状态（SOC）描述错误的是（　　）。

A. SOC 是指蓄电池的剩余容量与额定容量的比值，表示蓄电池容量的剩余程度

B. 当 SOC=0 时，表示蓄电池完全充足电

C. 当 SOC=1 时，表示蓄电池完全充足电

D. SOC 是检验蓄电池质量的重要指标之一

10. 下列选项中，关于蓄电池健康状态（SOH）描述错误的是（　　）。

A. SOH 是指当前蓄电池完全充足电时的容量与新的蓄电池完全充足电时的容量的比值

B. SOH 反映当前蓄电池相对于新的蓄电池储存电能的能力

C. 新的蓄电池 SOH 为 100%

D. 完全报废的蓄电池 SOH 为 100%

四、看图填空题

1. 将铅酸蓄电池主要结构的名称填写在下图中的横线上。

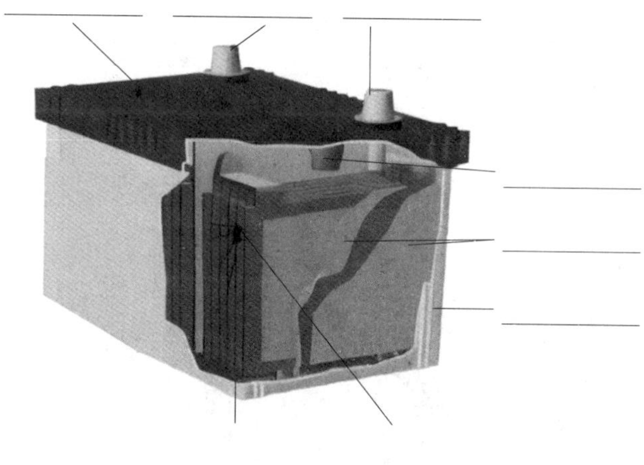

2. 将蓄电池观察孔主要结构的名称填写在下图中的横线上。

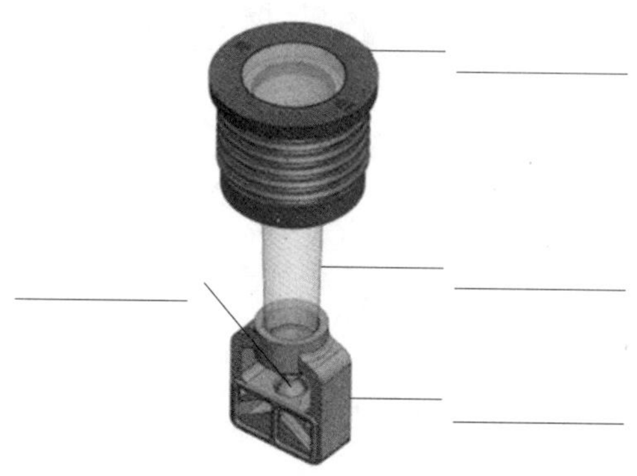

五、简答题

1．简述蓄电池的放电过程。

2．解析蓄电池型号 6–QW–60 的含义。

3．简述观察孔是如何指示蓄电池状态的。

4．如何使用高率放电计检测蓄电池？

任务3　蓄电池维修

一、填空题

1．蓄电池应防止长时间________和充电电流过___。

2．蓄电池的能量未通过放电进入外电路，而是以其他方式损失的现象称为________。

3．__________是指蓄电池在使用过程中，由于蓄电池的个体差异、温度差异等因素造成蓄电池电压不平衡，为了避免这种不平衡趋势恶化，需要提高充电电压，以对蓄电池进行活化充电。

4．蓄电池极板上生成白色的粗晶粒硫酸铅的现象称为______。

5．活性物质脱落会导致蓄电池容量下降，电解液混浊并呈____色。

6．__________是指充电机的输出电压保持不变，以 14.5 V 恒定电压对蓄电池进行充电。

7．完全充足电的蓄电池在 30 天内每昼夜自放电超过额定容量的 2%，称为__________________。

8．均衡充电过程分为三个阶段：__________、__________和__________。

二、判断题

1．冬季蓄电池容量会降低。（　　）

2．蓄电池轻度硫化时，内阻减小，容量变小。（　　）

3．蓄电池长期过度放电或小电流深度放电不会导致极板硫化。（　　）

4. 对于车辆上正常使用的蓄电池，如果车辆超过一周不用，应将蓄电池的负极电缆断开。（ ）

5. 汽车冬季冷起动前无须预热发动机。（ ）

6. 通过观察孔检查蓄电池状态时，黑色表示蓄电池已损坏。（ ）

7. 通过浮充充电，可以将蓄电池充至接近完全充足电状态。（ ）

8. 恒流充电时，为了缩短充电时间，应使用允许的最大电流进行充电。（ ）

三、单项选择题

1. 下列选项中，关于蓄电池储存描述错误的是（ ）。

A. 新的蓄电池储存时，储存室要干燥、清洁、通风良好，室温保持在5~30 ℃之间

B. 应远离热源和有害气体，不能挤压，不能倒置

C. 使用过的蓄电池长时间储存时，应将其完全充足电，后续无须补充充电

D. 使用过的蓄电池长时间储存时，应用蒸馏水清洗注液孔和排气孔并密封

2. 下列选项中，关于蓄电池使用描述错误的是（ ）。

A. 不超时、连续起动车辆，避免蓄电池大电流放电时间过长

B. 蓄电池在车辆上应安装牢固可靠，搬运时应轻搬轻放

C. 冬季使用蓄电池时，应特别注意保持其处于充足电的状态，以防电解液密度降低而结冰

D. 冬季补充蒸馏水应在蓄电池不充电时进行

3. 下列选项中，关于蓄电池维护描述错误的是（ ）。

A. 定期检查蓄电池外观，经常清除蓄电池表面的灰尘、污物，保持蓄电池表面清洁、干燥

B. 定期检查电解液液面高度，防止液面过低

C. 定期检查蓄电池放电程度，蓄电池亏电时，无须进行补充充电

D. 定期对蓄电池进行补充充电，长时间不使用的蓄电池，每两个月至少补充充电一次

4. 下列选项中，关于蓄电池维护描述错误的是（ ）。

A. 防止电解液密度过低　　B. 防止过度放电

C. 防止电解液液面过低　　D. 防止电解液内混入杂质

5. 下列选项中，关于蓄电池补充充电描述错误的是（　　）。

A. 充电电流越大越好

B. 恒流充电过程中，充电机的输出电压是变化的

C. 恒流充电过程中，充电机始终以恒定的电流自动调整输出电压对蓄电池进行充电

D. 浮充充电阶段实际上也是恒压充电，只是充电电流较小，属于保养性充电

6. 下列选项中，关于蓄电池故障描述错误的是（　　）。

A. 蓄电池电解液液面过低，极板露出部分与空气接触而氧化（主要是负极板）会导致极板硫化

B. 蓄电池故障性自放电的可能原因是电解液不纯，杂质与极板之间以及黏附在极板上的不同杂质之间形成电位差，通过电解液产生局部放电

C. 隔板破损对蓄电池无影响

D. 蓄电池长期过充电会导致活性物质脱落

7. 下列选项中，关于蓄电池故障排除描述错误的是（　　）。

A. 蓄电池轻度硫化时，可采用去硫化充电法进行充电

B. 蓄电池故障性自放电可采用补充充电进行修复

C. 蓄电池严重硫化时，应拆开进行修复

D. 蓄电池活性物质轻度脱落时，可更换电解液进行修复

8. 通过观察孔检查蓄电池状态时，（　　）表示蓄电池充足电。

A. 绿色　　B. 黑色

C. 透明　　D. 淡黄色

四、简答题

1. 简述蓄电池极板硫化的故障原因。

2．简述蓄电池故障性自放电的故障原因。

3．简述蓄电池极板短路的故障原因。

4．简述蓄电池活性物质脱落的故障原因。

任务4　交流发电机认知

一、填空题

1. 发动机起动后，________工作，向起动机之外的所有用电设备供电，并对________进行补充充电。

2. 发电机由________驱动。

3. 发电机分为______发电机和______发电机两种类型。

4. 按励磁绕组搭铁方式不同，交流发电机可分为__________和__________两种类型。

5. 汽车上使用的交流发电机主要由__________________________和____________________组成，又称为______________________。

二、判断题

1. 发电机任意时刻都为汽车用电设备供电。（　　）

2. 发电机是汽车电气系统的备用电源。（　　）

3. 汽车多采用交流发电机。（　　）

4. 一般轿车的发电机都安装在发动机舱内发动机旁。（　　）

5. 即使交流发电机的输出电压没有控制，其输出电压也不会超出汽车电路的安全极限。（　　）

三、单项选择题

1. 电压调节器主要用于调节交流发电机的输出（　　）。

A. 电压　　B. 电流

C. 电阻　　D. 频率

2. 交流发电机的优点不包括（　　）。

A. 体积小　　B. 质量小

C. 使用寿命长　　D. 使用成本高

3. 为了使驾驶员了解发电机的工作状态，汽车仪表板上设有（　　）。

A. 蓄电池充电警报灯　　B. 电流表

C. 电压表　　D. 发电机指示灯

4. 若汽车起动后或行驶过程中蓄电池充电警报灯（　　），表示发电机工作正常。

A. 点亮　　B. 熄灭

C. 闪烁　　D. 熄灭后点亮

任务5 交流发电机构造和工作原理

一、填空题

1. 目前，汽车上使用的交流发电机主要由______、______、_________、端盖、电刷组件（含电压调节器）、带轮和风扇等组成。

2. 交流发电机的定子主要由___________和_________________等组成。

3. 交流发电机三相定子绕组的连接方法可分为___________和______________两种。

4. 交流发电机电刷组件主要包括______、________和电刷弹簧。

5. 交流发电机______是交流发电机的磁极部分，其作用是产生旋转磁场。

6. 交流发电机______的作用是固定转子、定子、整流器和电刷组件。

7. 电刷通过电刷弹簧与转子轴上的________保持接触。

8. 交流发电机以电压等级为分类代号，用1位阿拉伯数字表示，其中，1表示_______，2表示________，6表示______。

9. 交流发电机的励磁方式包括两种：一种是由蓄电池供电的，称为______；另一种是由交流发电机自身所发电能供电的，称为______。

10. 交流发电机的产品代号包括JF、JFW、JFZ、JFB和JFY，分别表示交流发电机、______________________、______________________、带泵式交流发电机和_____________________。

二、判断题

1. 励磁绕组的两端引出线分别焊接在与转子轴绝缘的两个集电环上。（　　）

2. 三角形联结是指三相绕组的首、尾端依次相接，形成一个闭合的串联电路。（　　）

3. 交流发电机整流器的作用是将三相定子绕组产生的三相交流电转变为直流电输出。（　　）

4. 交流发电机的前、后端盖均由铸铁铸造而成，可减少漏磁，并具有质量小、散热性能好等优点。（　　）

5. 交流发电机电压调节器的作用是当发动机转速变化时，自动对交流发电机的输出电压进行调节，使交流发电机的输出电压稳定，以满足汽车上用电设备的要求。（　　）

6. 电刷的作用是将交流电流通过集电环引到旋转的励磁绕组。（　　）

7. 带轮由发动机通过传动带驱动交流发电机的转子旋转。（　　）

8. 某发电机型号为 JFZ1701，其电压等级为 24 V。（　　）

9. 汽车交流发电机多采用三角形联结。（　　）

10. 每相定子绕组的感应电动势有效值与转子转速和磁极磁通成正比。（　　）

三、单项选择题

1. 交流电转换为直流电称为（　　）。

A. 逆变　　B. 整流

C. 变压　　D. 斩波

2. 下列选项中，关于交流发电机定子描述错误的是（　　）。

A. 定子是交流发电机的电枢部分，其作用是产生交流电动势

B. 定子由定子铁芯和三相定子绕组（定子线圈）组成

C. 三相定子绕组的连接方法可分为星形联结和三角形联结两种

D. 定子的作用是产生旋转磁场

3. 交流发电机通过（　　）进行散热。

A. 转子　　B. 定子

C. 风扇　　D. 端盖

4. 三相定子绕组产生的感应电动势按正弦规律变化，频率相同、幅值相等、相位互差（　　）。

A. 30°　　B. 60°

C. 120°　　D. 180°

5. 下列选项中，关于交流发电机整流器描述错误的是（　　）。

A. 交流发电机使用的整流二极管分为正极管和负极管两种

B. 正极管的中心引线为负极，外壳为正极

C. 负极管的中心引线为负极，外壳为正极

D. 整流器主要由六只硅整流二极管和散热板等组成

6. 下列选项中，关于交流发电机电刷组件描述错误的是（　　）。

A. 电刷组件安装在前端盖内

B. 电刷安装在电刷架的方孔内

C. 外装式因拆装电刷在交流发电机外部即可进行，拆装、检修方便，被广泛使用

D. 内装式因拆装电刷必须将交流发电机解体，拆装、检修不方便，现已很少使用

7. 下列选项中，关于交流发电机型号描述错误的是（　　）。

A. JFW 代表无刷式交流发电机

B. 在产品的主要电气参数和基本结构不改变的情况下，一般电气参数和结构作某些改变称为变型

C. 交流发电机以电流等级为分组代号，用 1 位阿拉伯数字表示，5 代表电流等级为 50~59 A

D. 交流发电机以调整臂的位置作为变型代号，从驱动端看，调整臂在右边时以 Z 表示

8. 下列选项中，关于交流发电机发电原理描述错误的是（　　）。

A. 交流发电机产生交流电的基本原理是电磁感应原理

B. 转子的励磁绕组通过电刷和集电环引入交流电流而产生磁场

C. 交流发电机利用产生磁场的转子旋转

D. 三相定子绕组切割磁感线而产生三相交流感应电动势

9. 下列选项中，关于交流发电机整流原理描述错误的是（　　）。

A. 交流发电机产生的交流电转变为直流电的基本原理是二极管的单向导电性

B. 三相交流电通过六只硅整流二极管组成的三相桥式全波整流电路转变为直流电输出

C. 交流发电机整流后将交流电整流成脉动直流电，每个周期内有六个波形

D. 交流发电机的中性点 N 毫无作用

10. 下列选项中，关于交流发电机电压调节器描述错误的是（　　）。

A. 交流发电机输出电压随发动机转速变化而变化，输出电压很不稳定且变化范围很大

B. 集成电路电压调节器结构紧凑、体积小、调节精度高、故障率低，可直接安装在交流发电机内部，已经成为主流

C. 电磁振动式电压调节器具有体积小、调节效果好、可靠性高、使用寿命长等优点，应用广泛

D. 交流发电机输出电压调节一般是通过控制励磁电流的大小来实现的

四、看图填空题

1. 将交流发电机主要结构的名称填写在下图中的横线上。

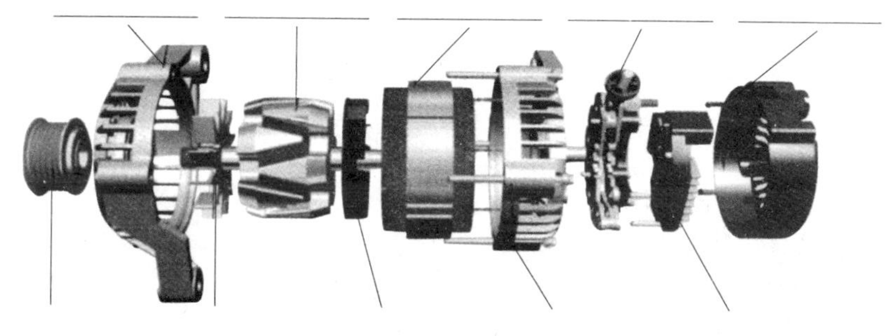

2. 将交流发电机转子主要结构的名称填写在下图中的横线上。

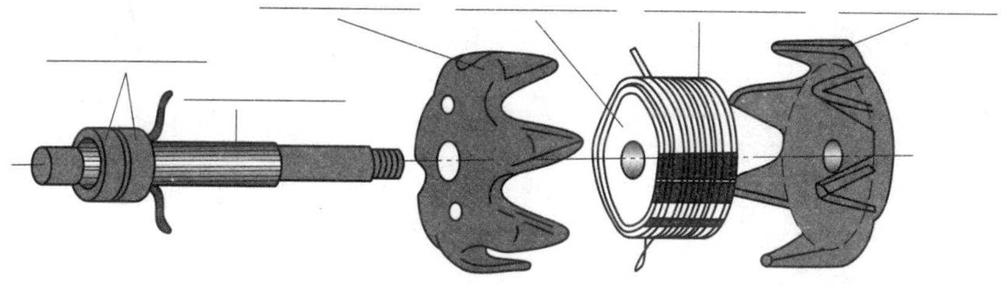

五、简答题

1. 简述交流发电机的发电原理。

2．简述交流发电机的整流原理。

3．简述电压调节器的工作原理。

4. 解析发电机型号 JFZ1701 的含义。

任务6　交流发电机维修

一、填空题

1. 汽车上使用的交流发电机均为______搭铁，蓄电池也必须______搭铁。

2. 汽车电源系统的常见故障包括_________、_________________、_________________、____________等。

3. 发动机起动后，交流发电机的励磁电流由_____________________________________来提供。

4. 发动机关闭后，应立即将____________断开，以免蓄电池长时间经电压调节器对交流发电机励磁绕组放电，损坏交流发电机励磁绕组和电压调节器。

5. 电压调节器与交流发电机的______等级必须一致。

6. 当发动机以略高于怠速的转速运转时，蓄电池充电警报灯点亮，说明汽车电源系统出现_________故障。

二、判断题

1. 交流发电机正常运转时，可以用搭铁试火的方法检查交流发电机是否正常。（　　）

2. 禁止使用兆欧表或 220 V 交流电压检测交流发电机的绝缘性能，否则会损坏整流二极管。（　　）

3. 电压调节器与交流发电机的搭铁形式必须匹配。（　　）

4．电压调节器电源无须受点火开关控制。 （ ）

5．发动机转速由低速逐渐提高至中速时，前照灯灯光暗淡或喇叭音量过小，说明出现充电电流不稳故障。 （ ）

6．交流发电机整流器个别二极管损坏可能导致充电电流过小。 （ ）

三、单项选择题

1．接通点火开关，不起动发动机，此时蓄电池充电警报灯应（ ）。

A．熄灭　　B．点亮

C．时亮时灭　　D．闪烁

2．接通点火开关，起动发动机，此时蓄电池充电警报灯应（ ）。

A．熄灭　　B．点亮

C．时亮时灭　　D．闪烁

3．汽车发动机运转时，电源系统的工作情况可通过（ ）来指示。

A．车速表　　B．发电机转速表

C．蓄电池充电警报灯　　D．燃油油量表

4．下列选项中，不属于不充电故障原因的是（ ）。

A．交流发电机传动带损坏

B．电压调节器损坏

C．交流发电机中性点线路故障

D．集电环或电刷磨损至极限

5．下列选项中，关于交流发电机充电异常故障原因描述错误的是（ ）。

A．交流发电机传动带张紧度不够可能导致充电电流过小

B．交流发电机电压调节器调节电压过低可能导致充电电流过小

C．交流发电机电压调节器调节电压过高或失控可能导致充电电流过大

D．交流发电机电刷过度磨损可能导致充电电流过大

6．下列选项中，不属于充电不稳故障原因的是（ ）。

A．交流发电机传动带过松、带轮失圆跳动

B．电压调节器损坏

C．接线柱松动或接触不良

D．集电环轻度烧蚀、脏污，电刷磨损不均、接触不良

四、简答题

1. 简述交流发电机的使用注意事项。

2. 简述汽车电源系统充电电流过大的故障原因及排除方法。

3. 简述汽车电源系统故障诊断与排除流程。

项目三　汽车起动系统构造与维修

任务1　汽车起动系统认知

一、填空题

1. ________为汽车起动系统提供电能。

2. 汽车起动系统主要由________、________和________________等组成。

3. ________将蓄电池的电能转换为机械能，通过飞轮齿圈带动发动机曲轴旋转，起动发动机。

4. 发动机常用的起动方式包括人力起动、辅助汽油机起动和__________等。

5. ____________用小电流电路控制大电流电路，保护起动按钮或点火开关和起动机。

二、判断题

1. 发动机不需要依靠外力带动曲轴旋转就能进入正常工作状态。（　　）

2. 发动机进入自行运转状态后，汽车起动系统继续工作。（　　）

3. 辅助汽油机起动方式只在少数重型汽车上采用。（　　）

4. 电力起动具有操作简单、起动迅速可靠、重复起动能力强等优点。（　　）

5. 驾驶员通过起动按钮或点火开关控制汽车起动系统工作。（　　）

三、单项选择题

1. 汽车发动机在外力作用下，从开始转动到（　　）运转的全过程称为发动机的起动。

A．大负荷　　B．中等负荷

C．怠速　　D．加速

2. 汽车起动系统给发动机（　　）提供足够大的转矩，带动发动机达到必需的起动转速。

A．曲轴　　B．凸轮轴

C．活塞　　D．连杆

3．起动机安装在汽车发动机（　　）的座孔上。

A．油底壳　　B．飞轮壳

C．气门室盖　　D．发电机支架

4．目前，绝大多数汽车采用（　　）起动。

A．绳拉　　B．手摇

C．电力　　D．辅助汽油机

5．电力起动是指由（　　）通过传动机构带动发动机起动。

A．交流电动机　　B．直流电动机

C．伺服电动机　　D．发电机

四、看图填空题

将汽车起动系统主要组成部件的名称填写在下图中的横线上。

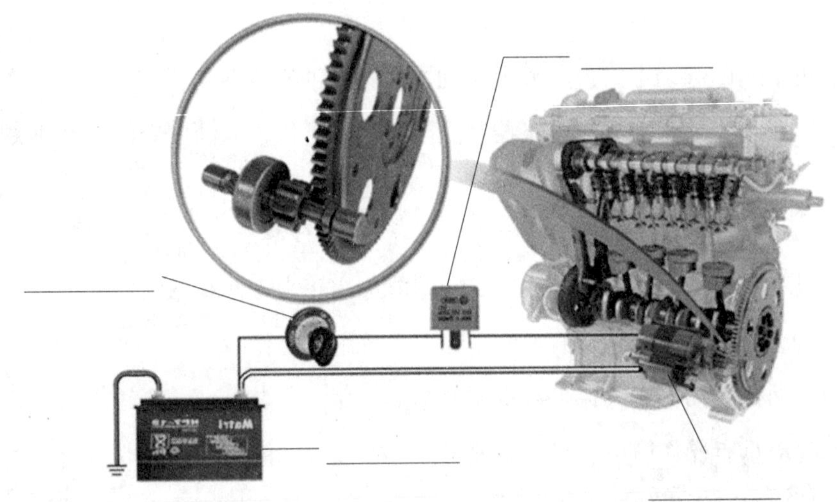

五、简答题

1．简述汽车起动系统的作用。

2. 简述汽车起动系统各组成部件的作用。

任务2 起动机构造和工作原理

一、填空题

1. 起动机主要由____________、____________和____________三部分组成。

2. 起动机直流电动机主要由______、______、____________、机壳和端盖等组成。

3. 直流电动机的电枢主要由_________、____________、_________和____________等组成。

4. 直流电动机______的作用是产生电磁转矩。

5. 电枢的换向器由______________和_________叠压而成。

6. 直流电动机______的作用是产生磁场。

7. 直流电动机____________的作用是将蓄电池的电流引入电枢绕组。

8. 电刷安装在电刷架中，并借助电刷弹簧压在_________上。

9. 起动机的传动机构主要由_______________和拨叉等组成。

10. 按控制方式不同，起动机可分为_______________起动机和_______________起动机等。

二、判断题

1. 起动机直流电动机的作用是将蓄电池提供的电能转换为机械能，产生转矩。（ ）

2. 起动机传动机构的作用是将直流电动机产生的转矩传递给离合器。（ ）

3. 电磁开关的作用是控制驱动齿轮与飞轮的啮合与分离，并控制直流电动机电路的接通与切断。（ ）

4．起动机单向离合器在发动机起动后自动打滑。 ( )

5．电磁开关通过拨叉带动驱动齿轮移向飞轮并与之啮合。 ( )

6．在直流电动机正常运转时，电磁开关的吸引线圈工作。 ( )

7．摩擦片式单向离合器是通过主、从动摩擦片的压紧或松开来实现接合或分离的。 ( )

8．直流电动机的励磁绕组与电枢绕组并联。 ( )

9．某起动机型号为 QDJ1311，其电压等级为 6 V。 ( )

10．励磁起动机输出转矩和功率都很大。 ( )

三、单项选择题

1．下列选项中，关于起动机电磁开关描述错误的是（ ）。

A．包含吸引线圈和保持线圈

B．控制驱动齿轮与飞轮的啮合与分离

C．控制直流电动机电路的接通与切断

D．起动时电磁开关的吸引线圈一直工作

2．直流电动机工作时，蓄电池的（ ）通过电刷和换向器流入电枢绕组。

A．电流　B．电压

C．电容　D．电感

3．电刷一般用（ ）和石墨粉压制而成。

A．铝　B．铁

C．锌　D．铜

4．下列选项中，关于减速起动机描述错误的是（ ）。

A．装有减速齿轮　B．增大起动力矩

C．电枢直接连接驱动齿轮　D．适用于高速电机

5．下列选项中，关于起动机直流电动机的工作原理描述错误的是（ ）。

A．当电枢绕组中有电流流过时，电枢绕组在磁场中受到电磁力的作用

B．换向器改变电枢绕组中电流的流向

C．电磁转矩的方向保持不变

D．电磁转矩使电枢绕组按逆时针方向转动

6. 目前，汽车起动机使用最多的是（　　）单向离合器。

A. 滚柱式　　B. 摩擦片式

C. 弹簧式　　D. 滚针式

7. 下列选项中，关于起动机电磁开关的工作过程描述错误的是（　　）。

A. 当点火开关接通起动电路后，保持线圈和吸引线圈同时工作

B. 当点火开关接通起动电路后，电磁开关克服复位弹簧的弹力使活动铁芯移动，推动接触盘移向两个主接线柱的触点

C. 当驱动齿轮与飞轮进入啮合后，接触盘将两个主接线柱的触点接通

D. 当接触盘将两个主接线柱的触点接通时，保持线圈的电路被短路

8. 按励磁方式不同，起动机可分为励磁起动机和（　　）等。

A. 普通起动机　　B. 减速起动机

C. 永磁起动机　　D. 电磁控制式起动机

9. 起动机型号中的产品代号 QDJ 表示（　　）。

A. 起动机　　B. 减速起动机

C. 永磁起动机　　D. 永磁减速起动机

10. 起动机型号中的分组代号 6 表示（　　）。

A. 电压等级为 6 V　　B. 功率等级为 > 5~6 kW

C. 功率等级为 > 6~7 kW　　D. 设计序号为 6

四、看图填空题

1. 将起动机主要组成部件的名称填写在下图中的横线上。

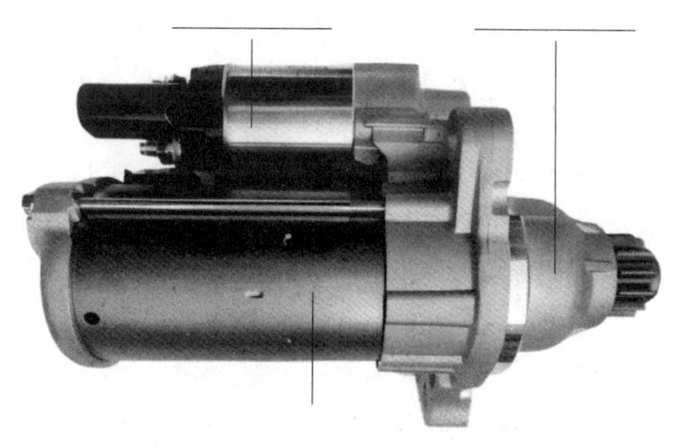

2. 将直流电动机主要结构的名称填写在下图中的横线上。

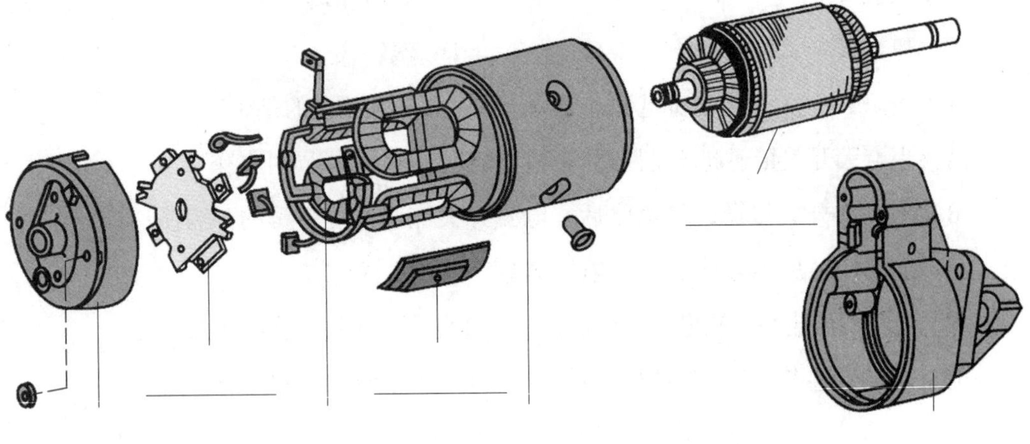

五、简答题

1. 简述直流电动机的工作原理。

2. 解析起动机型号 QDJ1311 的含义。

3. 简述滚柱式单向离合器的工作过程。

4. 简述电磁开关的工作过程。

任务3　汽车起动系统维修

一、填空题

1．汽车起动前应将变速杆置于___挡或___挡。

2．汽车每次起动的时间应不超过______，相邻两次起动的间隔时间应大于_________。

3．汽车起动前应保持_________处于充足电的状态。

4．起动机不转的故障原因可以归纳为电源和线路部分、_____________、_________三类。

5．接通点火开关，起动机能运转且转速很高，但发动机不运转，这种现象称为______。

二、判断题

1．严禁用挂挡起动的方法移动车辆。（　　）

2．起动时不需要踩下离合器踏板或制动踏板。（　　）

3．发动机正常运转时，不要随意接通起动按钮或点火开关。（　　）

4．蓄电池正、负极电缆连接松动或接触不良会导致起动机空转。（　　）

5．起动继电器线圈烧毁或断路会导致起动机无法工作。（　　）

三、单项选择题

1．下列选项中，不属于起动机不转故障原因的是（　　）。

A．蓄电池严重亏电　　B．起动继电器短路

C．起动电路断路　　D．起动机损坏

2．起动机空转的故障原因可能是（　　）。

A．蓄电池严重亏电　　B．起动继电器损坏

C．起动机装配过紧　　D．单向离合器打滑

3．下列选项中，不属于驱动齿轮与飞轮啮合异响故障原因的是（　　）。

A．驱动齿轮或飞轮轮齿磨损过度

B．起动机调整不当，驱动齿轮端面与端盖凸缘间的距离过小

C．蓄电池严重亏电

D．驱动齿轮或飞轮个别轮齿损坏

4．下列选项中，关于汽车起动系统电路描述错误的是（　　）。

A．蓄电池正极连接起动机的接蓄电池的主接线柱

B．起动机的主接线柱通电，控制电磁开关工作

C．蓄电池正极通过熔丝连接点火开关和起动继电器

D．当点火开关置于起动挡时，起动继电器工作

5．下列选项中，不属于电磁开关异响故障原因的是（　　）。

A．电磁开关保持线圈短路　　B．电磁开关保持线圈搭铁不良

C．蓄电池严重亏电　　D．蓄电池内部短路

四、简答题

1．简述起动机不转的故障原因。

2. 简述起动机转动无力的故障原因。

3. 简述汽车起动系统的使用注意事项。

项目四　汽车照明与信号系统构造与维修

任务1　汽车照明与信号系统认知

一、填空题

1. 汽车灯具按照用途不同可分为______灯具和______灯具。

2. 汽车前照灯包括________和________。

3. 汽车灯具按照安装位置不同可分为______灯具和______灯具。

4. 汽车照明系统主要由______、__________及其控制部分等组成。

5. ________主要用于向车辆后方其他使用道路者表明车辆正在制动。

6. 汽车信号系统主要由________装置和__________装置组成。

二、判断题

1. 照明装置主要包括车外照明灯具、车内照明灯具和工作照明灯具三部分。 (　　)

2. 转向灯兼有转向信号功能和危险警告信号功能。 (　　)

3. 前照灯的远光灯比近光灯功率要大。 (　　)

4. 牌照灯主要用于照亮后牌照板空间区域。 (　　)

5. 车外照明灯具包括前照灯、前 / 后雾灯、转向灯和牌照灯等。 (　　)

6. 汽车喇叭不属于信号装置。 (　　)

三、单项选择题

1. 前照灯的光色为（　　）。

   A. 红色

   B. 紫色

   C. 白色

   D. 蓝色

2.（　　）主要用于改善在雾天或类似低能见度情况下车辆前方的道路照明。

A．前雾灯　　B．前照灯

C．后雾灯　　D．前位灯

3．制动灯的光色为（　　）。

A．黄色　　B．红色

C．白色　　D．蓝色

4．下列选项中，不属于光信号装置的是（　　）。

A．转向灯　　B．制动灯

C．倒车灯　　D．雾灯

5.（　　）主要用于从车辆前方观察，表明车辆存在和宽度。

A．前雾灯　　B．前位灯

C．前照灯　　D．后位灯

四、简答题

1．简述前照灯、仪表灯、顶灯、阅读灯、行李舱灯的用途。

2．简述汽车信号系统的作用。

3. 简述转向灯、倒车灯的用途。

任务2　汽车照明系统构造与维修

一、填空题

1. 前照灯主要由______、_________和_________三部分组成。

2. 白炽灯泡的灯丝由______制成。

3. 灯光开关包括拉钮式、旋转式和_________等多种形式。

4. 双丝灯泡前照灯的______灯丝位于反射镜的焦点处。

5. 氙气前照灯主要由____________、_________等组成。

6. ____________主要用于实现远、近光的交替变换。

7. 前照灯检测的主要参数包括________________________和___________________。

8. 带前照灯继电器和变光继电器的前照灯控制电路分为__________________和__________________两种类型。

二、判断题

1. 前照灯的工作电流较大，如果使用灯光开关直接控制前照灯，灯光开关容易烧坏，因此，一般在控制电路中设有前照灯继电器。（　　）

2. 汽车会车时采用远光灯，完成会车后采用近光灯。（　　）

3. 氙气灯泡里没有灯丝，里面充满包括氙气在内的惰性气体混合物和稀有金属。（　　）

4. 投射式前照灯的反射镜有两个焦点。（　　）

5. 在功率相同的情况下，卤素灯泡的亮度是白炽灯泡的 1.5 倍，使用寿命是白炽灯泡的 2~3 倍。（　　）

6. 上下拨动（以转向盘平面为基准）组合式灯光开关可以实现远、近光的交替变换。（　　）

7. 安装非对称光制式防眩灯时，应将遮光罩偏转一定的角度，以使其近光灯的光形分布对称。（　　）

8. 更换卤素灯泡时，应抓住灯泡法兰部分，以防止手指接触灯泡表面。（　　）

三、单项选择题

1. 前照灯灯泡使用寿命最长的是（　　）灯泡。

A. 白炽　　B. 卤素

C. 氙气　　D. LED

2. 双丝灯泡前照灯的近光灯丝位于反射镜的（　　）。

A. 焦点上方　　B. 焦点处

C. 焦点下方　　D. 焦点后

3.（　　）用于最大限度地将灯泡发出的散光线聚合成强光束射向远方。

A. 反射镜　　B. 配光镜

C. 光源　　D. 安定器

4. 当组合式灯光开关置于闪光位置时，（　　）。

A. 近光灯点亮　　B. 远光灯点亮

C. 远光灯闪亮　　D. 近光灯闪亮

5. 下列选项中，不属于单个前照灯不亮故障原因的是（　　）。

A. 电路连接处松脱　　B. 灯泡损坏

C. 灯泡接线端子腐蚀　　D. 熔丝熔断

6. 下列选项中，不属于近光灯或远光灯都不亮故障原因的是（　　）。

A. 电路连接处松脱　　B. 变光开关老化或损坏

C. 电路断路　　D. 熔丝熔断

7. 下列选项中，不属于全部前照灯都不亮故障原因的是（　　）。

A. 电路连接处松脱　　B. 门控灯开关老化或损坏

C. 电路断路　　D. 灯光开关老化或损坏

8．一般情况下，汽车保持车速 40 km/h 以上行驶且前方无光源信号时，智能远光灯控制系统推荐开启（　　）。

A．近光灯　　B．前雾灯

C．远光灯　　D．前位灯

四、看图填空题

1．将前照灯主要结构的名称填写在下图中的横线上。

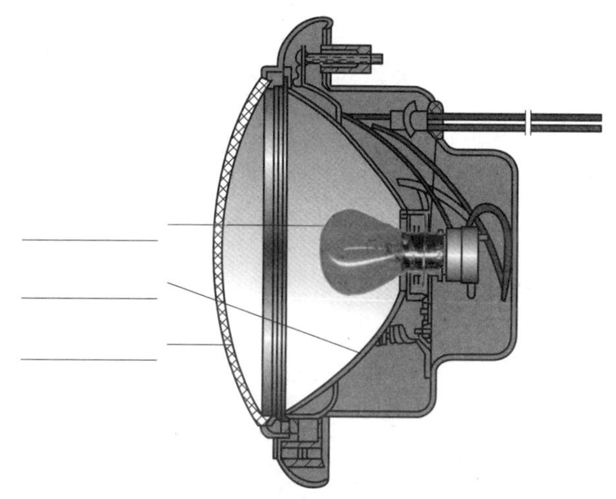

2．将组合式灯光开关主要标志的名称填写在下图中的横线上。

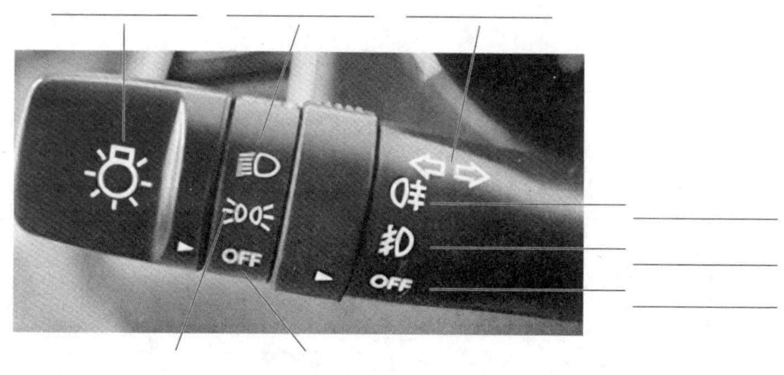

五、简答题

1. 简述汽车前照灯的基本要求。

2. 简述汽车前照灯常用的防眩目措施。

3. 简述使用万用表检测电路断路故障的方法。

4. 简述使用试灯检测电路短路故障的方法。

5. 简述打开车门时，顶灯不亮的故障原因。

任务 3　汽车信号系统构造与维修

一、填空题

1. 转向信号装置采用______的方式指示车辆即将改变行驶的方向，提醒其他车辆和行人本车将要起步、转向、掉头、变换车道、超车、靠边停车等，以提高车辆行驶的安全性。

2. 目前，常用的闪光器主要包括____________和_______________等类型。

3. 制动灯开关可分为_________、_________和_________等类型。

4. 汽车喇叭可分为_________和_________。

5. 电喇叭音量的大小取决于流过喇叭线圈的______。

二、判断题

1. 上、下拨动（以转向盘平面为基准）组合式灯光开关可以打开相应的转向灯。（　　）

2. 倒车开关通常安装在变速器盖上。（　　）

3. 接通危险警告信号开关，所有转向灯同时闪烁。（　　）

4. 集成电路式闪光器具有体积小、性能稳定、使用寿命长等优点，应用广泛。（　　）

5. 电喇叭音调的高低取决于膜片的振动频率。（　　）

三、单项选择题

1. 某转向灯灯泡烧坏，转向灯的闪烁频率（　　）。

A. 变高　　B. 不变

C. 变低　　D. 可能变高，也可能变低

2. 闪光器的闪烁频率为（　　）次 /min。

A. 60~90　　B. 90~120

C. 60~120　　D. 120~150

3. 控制转向灯闪光频率的是（　　）。

A. 转向灯开关　　B. 点火开关

C. 蓄电池　　D. 闪光器

4. 安装喇叭继电器的目的是（　　）。

A. 增大通过喇叭的电流　　B. 提高喇叭的音量

C. 提高喇叭触点的开闭频率　　D. 保护喇叭按钮

5. 下列选项中，不属于汽车喇叭不响故障原因的是（　　）。

A. 熔丝烧断　　B. 喇叭按钮损坏

C. 喇叭损坏　　D. 喇叭继电器触点烧蚀

四、简答题

1. 画出倒车信号装置电路图，并简述倒车信号装置的工作过程。

2. 画出含继电器的双音喇叭控制电路图，并简述双音喇叭的工作过程。

3. 简述转向灯熔丝经常烧断的故障原因。

项目五　汽车仪表与警报系统构造与维修

任务1　汽车仪表构造和工作原理

一、填空题

1. 汽车仪表板总成上安装有各种________和________________等。

2. 按安装方式不同，汽车仪表板可分为________和________两种类型。

3. 当_____式仪表板的指示器、警报信号装置等组成部件损坏时，可以单独更换组成部件。

4. 数字式仪表一般通过______________________接收传感器采集的信号。

5. 电热式传感器是利用电流的________工作的。

6. 可变电阻式传感器提供的是___________的电信号。

7. 数字式仪表主要由________、________________和指示器（显示装置）等组成。

8. 发动机冷却液温度表用来显示______________________，是判断发动机冷却系统工作正常与否的重要指标。

9. 发动机冷却液温度表的温度指示范围为C~H，C表示_____，H表示_____。

10. 燃油油量表主要由___________________和___________________等组成。

二、判断题

1. 汽车仪表可以使驾驶员随时掌握车辆的所有状况。（　　）

2. 传统仪表通过指示器（指示表）的机械指针和刻度盘将传感器输出的模拟信号直接显示出来。（　　）

3. 数字式仪表有数字显示、模拟指针显示、图像和曲线显示等不同显示形式。（　　）

4. 热敏电阻式传感器是利用热敏电阻器的电容变化特性工作的。（　　）

5. 电热式传感器提供的是连续的脉冲电信号。（　　）

6. 电磁式指示表是利用磁场和电流（或磁场）之间的相互作用工作的。（　　）

7. 发动机冷却液温度指示器指针指示在红色区域时，说明发动机冷却液温度过低。 （　　）

8. 燃油油量指示器油量指示范围为 E~F，E 表示油箱内满油，F 表示油箱内无油。 （　　）

9. 霍尔式车速传感器是根据电磁效应制成的。 （　　）

10. 转速表主要用来显示发动机曲轴转速。 （　　）

三、单项选择题

1. 下列选项中，不属于传统仪表的是（　　）。

A. 机械式仪表　　B. 电气式仪表

C. 电磁式仪表　　D. 模拟电路电子仪表

2. 转速表主要用来显示（　　）。

A. 发动机工作转速　　B. 车辆行驶速度

C. 车轮转速　　D. 发动机累积转数

3. 发动机冷却液温度传感器采用的是（　　）式温度传感器。

A. 电热　　B. 滑动变阻

C. 热敏电阻　　D. 霍尔

4. 负温度系数热敏电阻器的电阻随温度的升高而（　　）。

A. 减小　　B. 不变

C. 增大　　D. 随意变化

5. 燃油液位传感器采用的是（　　）式液位传感器。

A. 电热　　B. 滑动变阻

C. 热敏电阻　　D. 霍尔

6. 当油箱满油时，燃油液位传感器的浮标上升到最高位置，可变电阻器接入电路中的电阻（　　）。

A. 最小　　B. 适中

C. 最大　　D. 为零

7. 车速传感器常采用（　　）式传感器。

A. 电热　　B. 滑动变阻

C. 热敏电阻　　D. 霍尔

8．霍尔式车速传感器产生稳定的脉冲（　　）信号。

A．电压　　B．电流

C．电阻　　D．电感

9．（　　）传感器也称曲轴位置传感器。

A．转速　　B．车速

C．轮速　　D．加速度

10．正常情况下，发动机冷却液温度指示器的指针应指示在（　　）区域。

A．绿色　　B．黄色

C．白色　　D．红色

四、看图填空题

1．将汽车仪表板上主要指示器的名称填写在下图中的横线上。

2．将转速表主要组成部件的名称填写在下图中的横线上。

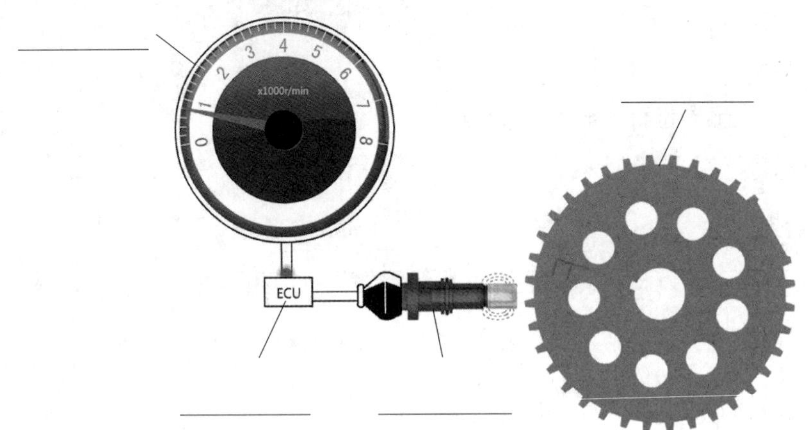

五、简答题

1．简述数字式仪表的组成及各组成部件的作用。

2．写出下列汽车仪表的作用。

名称	作用
电流表	
发动机机油温度表	
发动机机油压力表	
贮气筒压力表	

续表

名称	作用
里程表	
旅程表	
转数累积表	

3．简述发动机冷却液温度表的工作原理。

4．简述燃油油量表的工作原理。

任务2　汽车警报系统构造和工作原理

一、填空题

1. 状态指示类警报指示灯的颜色一般为______或______。

2. 故障指示类警报指示灯的颜色一般为______或________。

3. __________类警报指示灯用来指示非正常的操作限制、汽车系统故障。

4. 警报指示灯一般由______、________和________等组成。

5. 当发动机冷却液的温度低于或高于规定范围时，发动机冷却液温度指示灯将______。

6. __________警报装置主要用来提示发动机润滑系统油压异常。

7. _____________警报装置主要用来提示蓄电池充电状况异常。

8. 当油箱内的燃油液位下降到规定值时，________________灯点亮。

二、判断题

1. 转向指示灯一般为蓝色。（　）

2. 燃油油量指示灯一般为黄色。（　）

3. 机油压力警报灯一般为红色。（　）

4. 目前，警报指示灯的光源多采用发光二极管（LED），其结构简单、使用寿命长、耗电量少、易于识别。（　）

5. 机油压力警报开关一般安装在发动机主油道上。（　）

6. 蓄电池充电警报灯点亮代表蓄电池充电状况正常。（　）

7. 机油压力警报装置由位于发动机润滑系统中的机油压力警报开关控制。（　）

8. 发动机故障警报装置主要用来提示发动机电控系统异常。（　）

三、单项选择题

1. 警报类警报指示灯的颜色一般为（　）色。

A. 红　　B. 绿

C. 蓝　　D. 黄

2. 下列选项中，不属于状态指示类警报指示灯的是（　　）。

A. 转向指示灯　　B. 远光指示灯

C. 前雾灯指示灯　　D. 后雾灯指示灯

3. 下列选项中，不属于故障指示类警报指示灯的是（　　）。

A. 燃油油量指示灯　　B. 远光指示灯

C. 安全气囊故障指示灯　　D. 后雾灯指示灯

4.（　　）类警报指示灯说明是危及人身安全的，或易对设备、系统造成严重损害的，紧急的或紧迫的。

A. 状态指示　　B. 故障指示

C. 警报　　D. 提示

5. 踩下制动踏板，制动踏板状态指示灯将（　　）。

A. 熄灭　　B. 点亮

C. 常亮　　D. 闪烁

6. 目前，汽车上常用的是（　　）式机油压力警报开关。

A. 电子　　B. 电磁

C. 膜片　　D. 电阻

四、看图填空题

1. 将膜片式机油压力警报开关主要结构的名称填写在下图中的横线上。

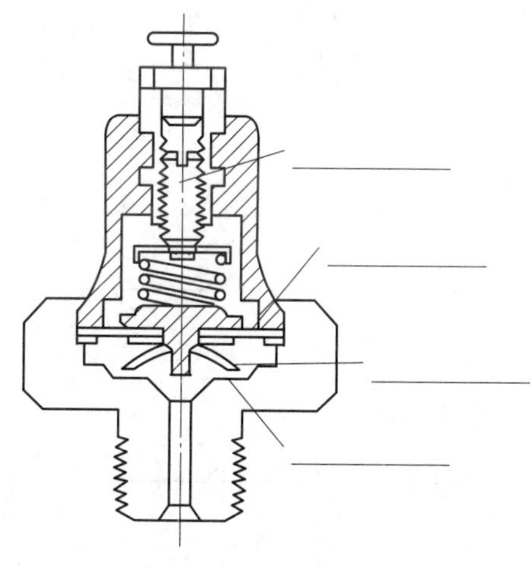

2. 将机油压力警报装置主要组成部件的名称填写在下图中的横线上。

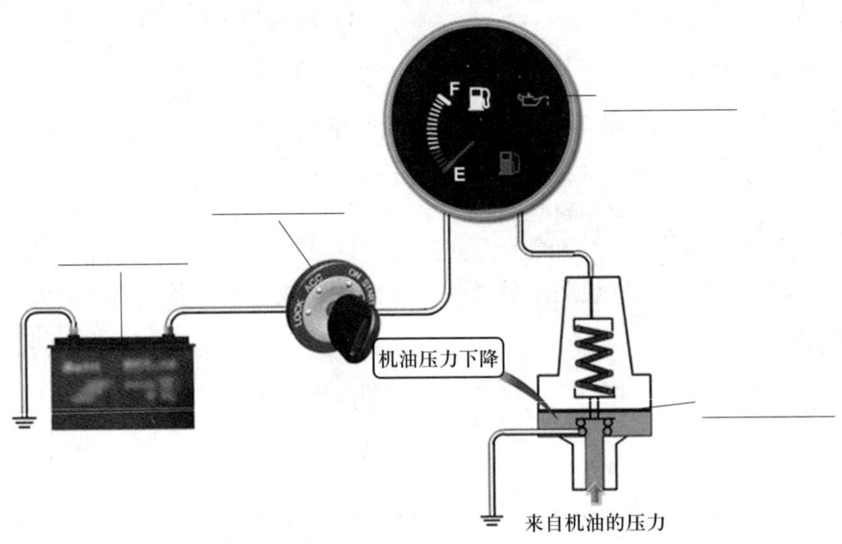

五、简答题

1. 写出下列常见警报指示灯的名称和作用。

标志	名称	作用

续表

标志	名称	作用
ABS		

2. 简述机油压力警报装置的工作原理。

3. 简述蓄电池充电警报装置的工作原理。

任务3 汽车仪表与警报系统维修

一、填空题

1. 当汽车仪表出现故障时，若两个或两个以上的仪表同时不工作，应先检查汽车仪表板熔丝盒______是否正常。

2. 检测各种可变电阻式传感器时，通常可采用测量其______的方法来判断其好坏。

3. 汽车仪表的故障一般都发生在________、____________、插接器及线束上。

4. 汽车仪表通过________将线束连接到仪表板上。

二、判断题

1. 汽车仪表中的传感器故障不会影响仪表显示。（　　）

2. 插接器均采用相同的颜色。（　　）

3. 所有传感器都可以通过测量其电阻的方法来判断质量好坏。（　　）

4. 传感器一般是不可拆、不可维修的元器件，若损坏只能更换新件。（　　）

5. 为保证连接牢固、可靠，插接器上都设有锁止装置。（　　）

三、单项选择题

1．下列选项中，不属于车速表指示不准确故障原因的是（　　）。

A．车速传感器损坏

B．车速指示器至车速传感器的电路短路或断路

C．车速指示器内部故障

D．车速指示器电源电路断路

2．警报装置工作不正常的故障原因可能是（　　）。

A．熔丝故障　　B．警报装置故障

C．警报开关故障　　D．稳压电源故障

3．在仪表工作时用手触摸插接器，若感觉温度过高，说明插接器（　　）。

A．接触不良　　B．损坏

C．电路短路　　D．正常

四、简答题

1．简述汽车仪表显示装置的检测方法。

2．简述发动机冷却液温度表不工作的故障原因。

3．简述警报装置不工作的故障原因及排除方法。

项目六　汽车辅助电气设备构造与维修

任务 1　电动刮水器和风窗玻璃洗涤器构造与维修

一、填空题

1．电动刮水器一般在________________手柄上设有刮水器控制开关。

2．刮水器控制开关设有_________、_________、_________、______、________和______________________等挡位。

3．刮水电动机总成由________、__________和________________等组合成一体。

4．________________的作用是保证刮水器控制开关在任何时候断开时，都能使刮水片自动复位停止在风窗玻璃的底部。

5．________是电动刮水器的执行器件，通过安装在刮水臂上进行驱动。

6．风窗玻璃洗涤器主要由洗涤液储液罐、________、软管、三通接头、_____和刮水器控制开关等组成。

二、判断题

1．刮水器是清除玻璃外表面雨水、雪、灰尘等的装置，有时与洗涤器同时工作，属于汽车辅助电气设备。（　　）

2．励磁式电动机因体积小、质量小、结构简单而被广泛应用在轿车上。（　　）

3．人工调节式电动刮水器间歇控制系统能根据雨水的大小自动接通 / 断开间歇挡，并且自动调节间歇时间。（　　）

4．连杆式传动机构的传动效率高达 90%，同时具有结构简单、制造容易、工作可靠和价格便宜等优点。（　　）

5．有些汽车的前照灯也装有刮水器和洗涤器，可以有效保证汽车在雨雪天气尤其是夜间的行车安全。（　　）

6. 当刮水器控制开关置于低速挡时，电源电压加在负电刷与偏置电刷之间。（ ）

三、单项选择题

1. 刮水器控制开关（ ）的功能是使刮水器停止工作并复位到初始状态。

A. 高速挡　　B. 低速挡

C. 间歇挡　　D. 空挡

2. 刮水器控制开关（ ）适用于大雨天气。

A. 高速挡　　B. 低速挡

C. 间歇挡　　D. 空挡

3. 为了改变工作速度，电动刮水器通常采用（ ）式电动机。

A. 二刷永磁　　B. 三刷永磁

C. 二刷励磁　　D. 三刷励磁

4. 下列选项中，不属于电动刮水器间歇控制方式的是（ ）。

A. 人工调节式　　B. 机械调节式

C. 不可调节型　　D. 自动调节式

5. 下列选项中，不属于刮水器高速挡不工作故障原因的是（ ）。

A. 刮水器控制开关故障

B. 控制电路断路或接线松动

C. 刮水电动机总成故障

D. 熔丝熔断

6. 如果风窗玻璃洗涤器个别喷嘴不工作，一般应检查（ ）。

A. 喷嘴是否堵塞

B. 洗涤液液面和软管是否正常

C. 洗涤泵搭铁线和电源线是否断路、松脱

D. 控制开关和洗涤泵是否正常

四、看图填空题

1. 将电动刮水器主要组成部件的名称填写在下图中的横线上。

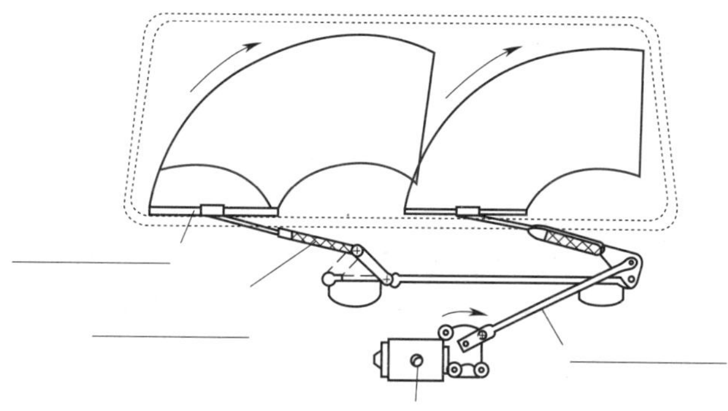

2. 将风窗玻璃洗涤器主要组成部件的名称填写在下图中的横线上。

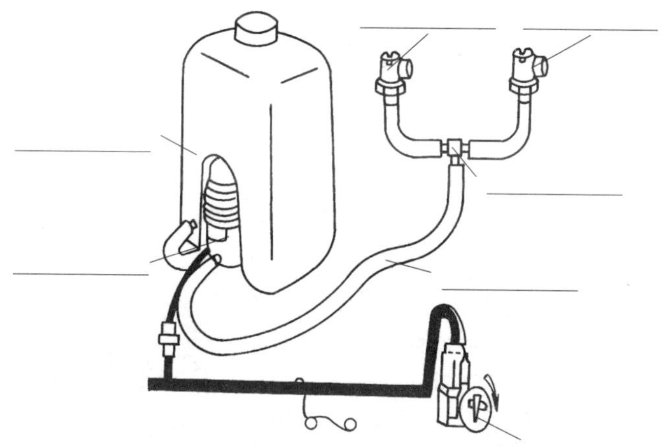

五、简答题

1. 写出下列刮水器控制开关挡位标志的名称、功能及使用情况。

标志	挡位名称	功能	使用情况
HIGH			
LOW			
[signal-bar icon]			

续表

标志	挡位名称	功能	使用情况
OFF			
1x			

2．简述风窗玻璃洗涤器的作用。

3．简述刮水器各挡位都不工作的故障原因。

任务 2　电动座椅构造与维修

一、填空题

1. 三电动机式电动座椅可以进行 6 个方向的调节，即______调节、___________调节和___________调节。

2. 普通电动座椅主要由___________、_________、___________和控制电路等组成。

3. 自动电动座椅的电子控制系统主要由______________和______________________________组成。

4. 电动座椅的传动机构主要包括___________和_________等。

5. 根据检测原理的不同，位置传感器可分为______________式和______式两种类型。

二、判断题

1. 四电动机式电动座椅除了具有三电动机式电动座椅的调节功能，还可以对头枕高度进行调整。（　　）

2. 双向电动机电枢的旋转方向随电流方向的改变而改变。（　　）

3. 自动电动座椅的基本组成、驱动方式与普通电动座椅不同。（　　）

4. 霍尔式位置传感器的工作原理和一般电位计相似。（　　）

5. 当电动座椅出现故障时，应先检查电动座椅熔丝盒的电源是否正常。（　　）

三、单项选择题

1. 下列选项中，不属于电动座椅调节功能的是（　　）。

A. 前后移动　　B. 高度调节

C. 靠背倾斜角度调节　　D. 左右移动

2. 电动座椅采用（　　）电动机。

A. 永磁式双向　　B. 励磁式单向

C. 永磁式单向　　D. 励磁式双向

3．自动电动座椅要实现座椅位置的记忆与恢复，必须安装（　　）传感器。

A．速度　　B．位置

C．压力　　D．高度

4．电动座椅的（　　）主要用来控制电动机的电流方向，使某一电动机按不同方向旋转。

A．调节开关　　B．传动机构

C．控制电路　　D．电子控制单元

5．下列选项中，不属于电动座椅前后移动调节不工作故障原因的是（　　）。

A．前后移动调节开关故障

B．前后移动电动机故障

C．控制电路断路或接线松动

D．熔丝熔断

四、看图填空题

将自动电动座椅主要组成部件的名称填写在下图中的横线上。

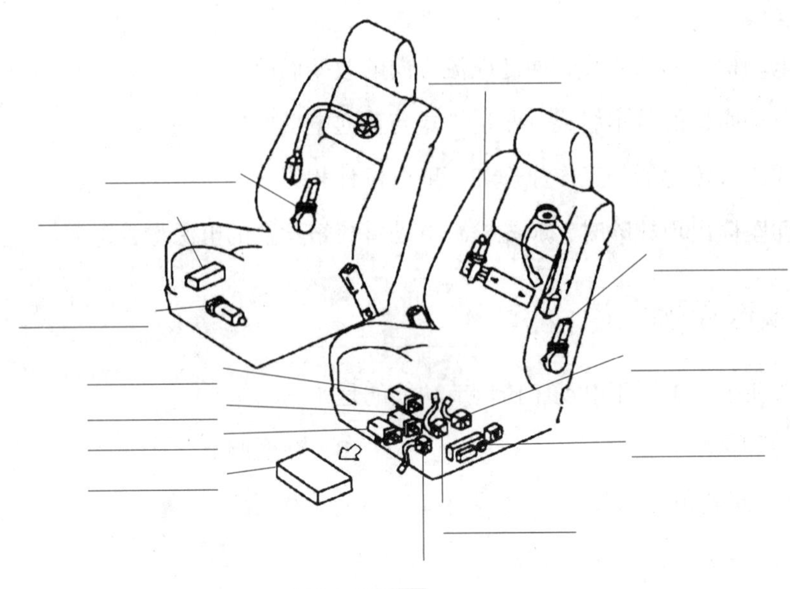

五、简答题

1．写出下列电动座椅调节开关的名称和功能。

图示	调节开关名称	功能
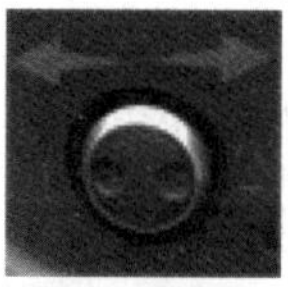		

2．简述电动座椅完全不工作的故障原因。

任务3　电动车窗构造与维修

一、填空题

1. 车窗控制开关一般有两套，一套为主驾驶位________，另一套为其他座位________。

2. 玻璃升降器一般由____________、____________、升降机构、玻璃托架、止动弹簧、平衡弹簧等组成。

3. 根据升降机构的不同，玻璃升降器可分为_________、______和_________等类型。

4. 绳轮式玻璃升降器主要由____________、__________、______________________、______、夹持器等组成。

5. 不同车型所采用的电动机及其控制电路各不相同，一般可分为____________式和____________式两种类型。

二、判断题

1. 软轴式玻璃升降器使用较为广泛。（　　）

2. 由于车门内部空间有限，电动车窗使用的电动机一般做成扁平形。（　　）

3. 绳轮式玻璃升降器适用于平面玻璃或曲率不大的曲面玻璃。（　　）

4. 臂式玻璃升降器的传动方式为齿轮、齿板啮合传动。（　　）

5. 控制搭铁式电动车窗控制电路的电动机结构简单，但开关和控制电路较为复杂。（　　）

三、单项选择题

1. 电动车窗通常采用（　　）电动机。

A. 永磁式双向　　B. 励磁式单向

C. 永磁式单向　　D. 励磁式双向

2. 所有车窗控制分开关通过总开关的（　　）开关搭铁。

A. 上升　　B. 锁止

C. 下降　　D. 急停

3. 直接搭铁式电动车窗控制电路的（　　）一端直接搭铁。

A. 车窗控制总开关　　B. 车窗控制分开关

C. 电动机　　D. 玻璃升降器

4. 下列选项中，不属于所有车门玻璃均不能升降故障原因的是（　　）。

A. 熔丝熔断　　B. 车窗控制开关损坏

C. 电动机损坏　　D. 蓄电池电压过高

四、看图填空题

1. 将电动车窗主要组成部件的名称填写在下图中的横线上。

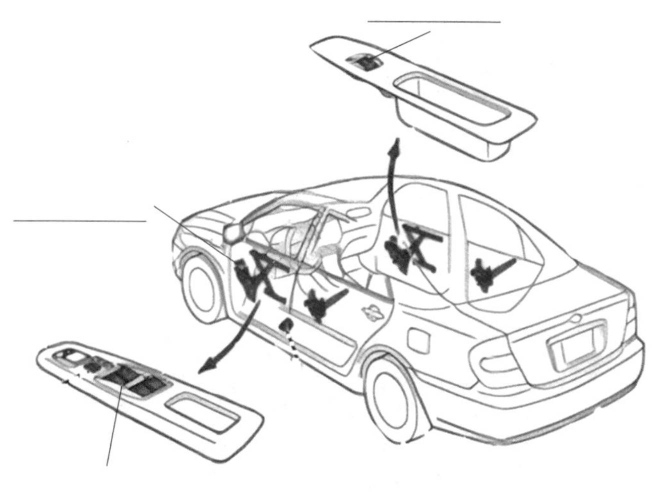

2. 将绳轮式玻璃升降器主要结构的名称填写在下图中的横线上。

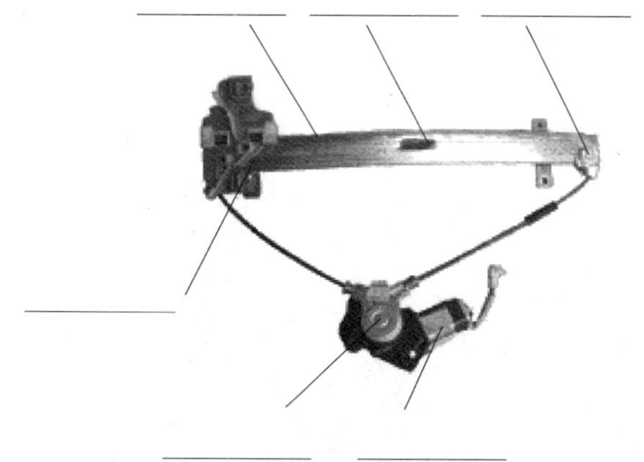

五、简答题

1．简述车窗控制开关的位置和功能。

2．简述部分车门玻璃不能升降或只能一个方向运动的故障原因及排除方法。

3．简述电动车窗的安装过程。

任务4　汽车音响系统构造与维修

一、填空题

1．汽车音响系统主要由______、________、______________________________和________________等组成。

2．______用于接收广播电台发射的无线电波，以高频方式传送信号。

3．扬声器用于将___信号转换成______信号。

4．纸盆扬声器主要由____________、____________和_______________三部分组成。

二、判断题

1．汽车音响系统是一种创造舒适驾驶环境的设备，可提高汽车驾驶的娱乐性。（　　）

2．天线是决定汽车音响系统性能的重要部件。（　　）

3．多功能转向盘音响控制按钮让驾驶员操作更便捷。（　　）

4．目前，纸盆扬声器多采用合成纤维制作纸盆。（　　）

三、单项选择题

1．下列选项中，关于多功能转向盘控制按钮描述错误的是（　　）。

A．设置在转向盘上　　B．用于控制汽车音响

C．通过转向盘游丝连接　　D．不能进行音量调节

2．下列选项中，不属于扬声器结构组成的是（　　）。

A．纸盆　　B．音圈

C．磁铁　　D．继电器

3．下列选项中，不属于媒体中心主机功能的是（　　）。

A．显示导航信息　　B．显示车辆信息

C．无线通信　　D．自动驾驶

4．纸盆扬声器的（　　）就是振膜。

A．纸盆　　B．音圈

C．磁铁　　D．继电器

四、看图填空题

1．将汽车音响系统主要组成部件的名称填写在下图中的横线上。

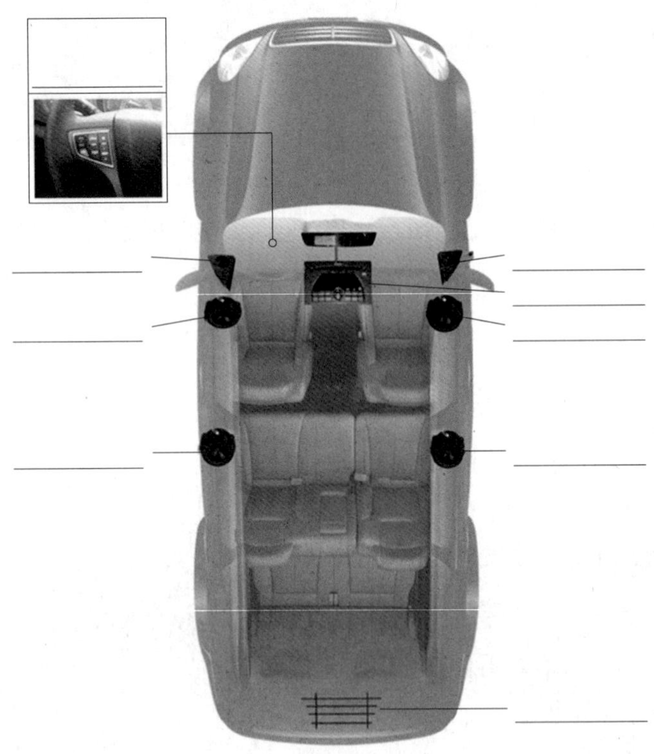

2．将纸盆扬声器主要结构的名称填写在下图中的横线上。

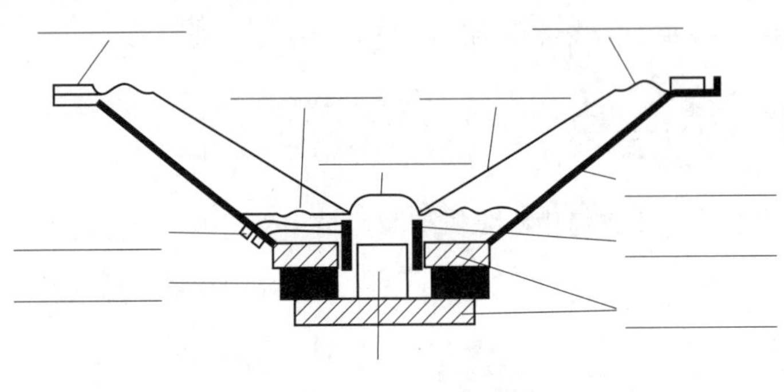

五、简答题

1．简述扬声器的工作原理。

2．简述汽车音响系统不工作的故障原因。

3．简述单个扬声器故障的故障原因。

任务 5　倒车影像和倒车雷达构造与维修

一、填空题

1. 倒车影像主要由______________、____________、主机和显示屏等组成。
2. 后视摄像头是一种视频输入设备，用来将外界______信号转化为______信号。
3. ____________主要用来传输电流，为后视摄像头提供工作电源。
4. 倒车雷达主要由_________________、_________和显示器（或蜂鸣器）等组成。
5. ________________________是倒车雷达最核心的部件，其作用是发射、接收超声波。

二、判断题

1. 为保障视频信号能稳定可靠地传输，倒车影像通常会在传输电缆外增加一层屏蔽网。（　　）
2. 倒车影像主机和显示屏通常集成于媒体中心主机。（　　）
3. 倒车雷达通常采用次声波测距原理。（　　）
4. 倒车雷达的超声波传感器一般安装在汽车后保险杠上。（　　）

三、单项选择题

1. 下列选项中，关于倒车雷达描述错误的是（　　）。
   A. 超声波传感器在控制器的控制下发射超声波信号
   B. 超声波遇到障碍物时，会产生回波信号
   C. 超声波传感器接收到回波信号后，通过控制器进行数据处理，可判断出障碍物的位置
   D. 超声波可判断障碍物的大小
2. 下列选项中，关于倒车影像描述错误的是（　　）。
   A. 当车辆变速杆置于 R 挡时，倒车灯电源为后视摄像头提供工作电源
   B. 后视摄像头采集外界环境光学信息，并转化为视频信号
   C. 视频信号通过传输电缆传输至主机
   D. 显示屏处理视频信号并显示后视画面

3. 下列选项中，不会导致倒车影像故障的是（　　）。

A. 倒挡开关　　B. 传输电缆

C. 显示屏　　D. 蜂鸣器

4. 下列选项中，不会导致倒车雷达故障的是（　　）。

A. 倒挡开关　　B. 超声波传感器

C. 控制器　　D. 倒车雷达电路

四、看图填空题

将倒车雷达主要组成部件的名称填写在下图中的横线上。

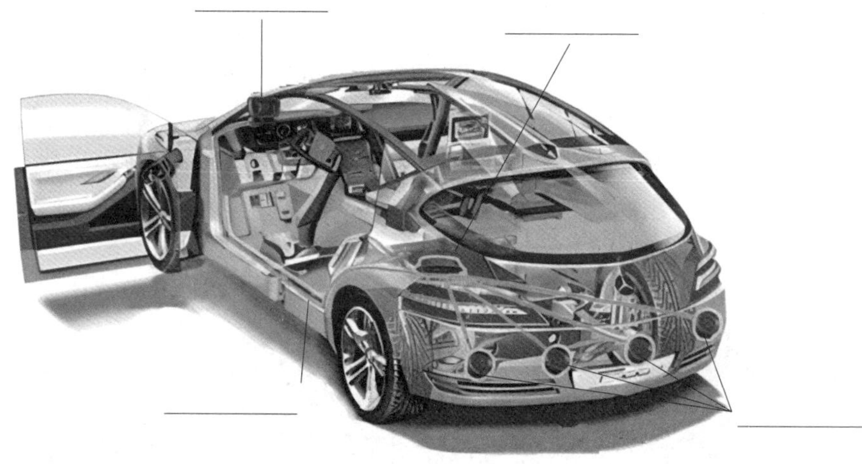

五、简答题

1. 简述倒车影像的工作原理。

2. 简述倒车雷达的工作原理。

3. 简述倒车影像不工作的故障原因。

项目七　汽车空调系统构造与维修

任务 1　汽车空调系统认知

一、填空题

1. 汽车空调系统主要由______系统、______系统、______系统、空气净化装置和控制系统等组成。

2. 汽车空调制冷系统主要由_________、_________、_______________、_________和_________等组成。

3. 采暖系统的作用是对车内的空气或由外部进入车内的新鲜空气进行加热，以达到______、______的目的。

4. 按驱动方式不同，汽车空调可分为______式和_________式。

5. 按控制和调节方式不同，汽车空调可分为____________式、_______________式和_______________式。

二、判断题

1. 鼓风机不属于通风系统。（　　）

2. 非独立式汽车空调的压缩机由发动机驱动，制冷性能受发动机工作影响较大，稳定性差，多用于小型客车和轿车。（　　）

3. 轿车多采用混合调温式汽车空调。（　　）

4. 全自动控制式汽车空调具有自诊断功能。（　　）

5. 半自动控制式汽车空调完全通过电子控制单元和传感器等元器件进行控制，可自动调节车内温度、湿度和空气质量。（　　）

三、看图填空题

1．将汽车空调通风系统主要组成部件的名称填写在下图中的横线上。

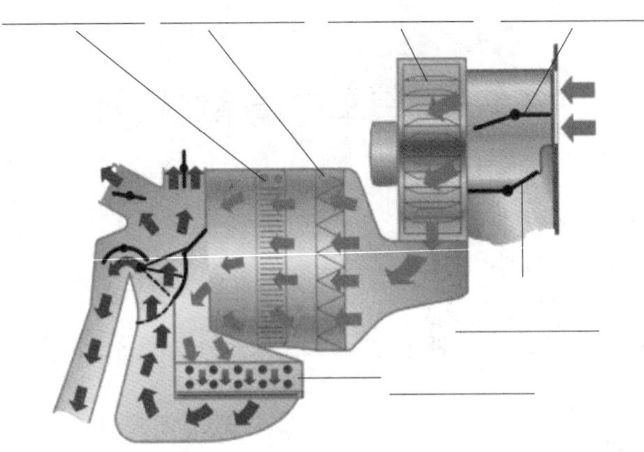

2．将汽车空调控制面板主要开关、按钮、旋钮的名称填写在下图中的横线上。

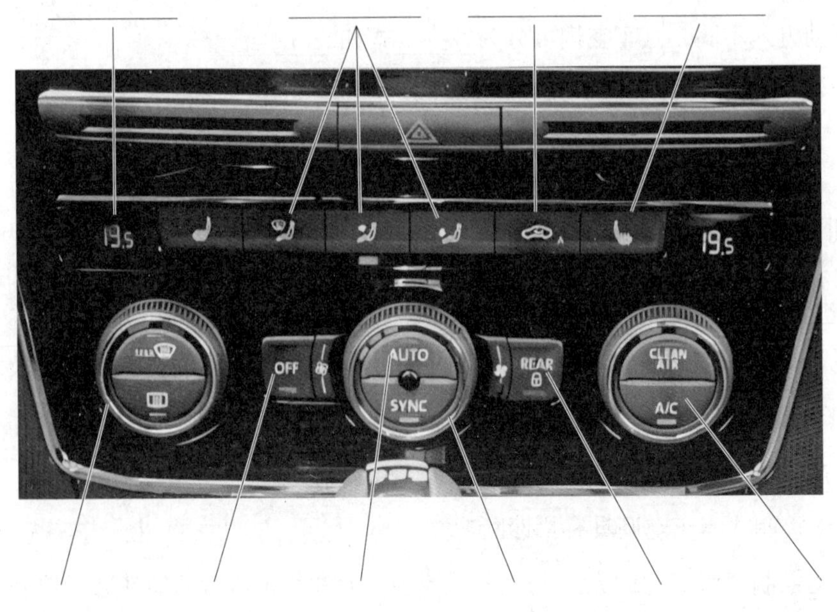

四、简答题

1．简述汽车空调系统各组成部分的作用。

2．简述手动控制式和全自动控制式汽车空调的区别。

任务2　汽车空调系统构造和工作原理

一、填空题

1. 汽车空调制冷系统主要由__________、__________、_______________、__________、_________和制冷剂管路等组成。

2. 压缩机电磁离合器主要由______、____________、______和____________等组成。

3. _________是制冷系统的心脏，其作用是压缩和输送气态制冷剂，以保证制冷循环正常工作。

4. 压缩机的种类较多，目前_________压缩机和_________压缩机应用较广泛。

5. 冷凝器可分为_________和____________等类型。

6. 膨胀阀可分为_____________膨胀阀、_____________膨胀阀、_____膨胀阀等类型。

7. 通常将蒸发器和_______________、_________、温度传感器等集成为一个整体，称为蒸发器总成。

8. 常用的压力保护开关包括______保护开关、______保护开关和高低压组合开关等。

9. 汽车空调制冷系统的控制主要包括__________________控制、__________________控制和____________________控制。

10. 制冷剂管路分为______管路和______管路。

二、判断题

1. 电磁离合器安装在压缩机上，其作用是控制压缩机与发动机之间的动力传递。（　　）

2. 冷凝器的作用是使高温、高压的液态制冷剂冷凝成较高温度的高压气态制冷剂。（　　）

3. 从冷凝器流出的高压液态制冷剂经贮液干燥器过滤、干燥后流向膨胀阀。（　　）

4. 低压保护开关安装在制冷系统的低压管路中。（　　）

5. 当制冷系统压力异常升高时，高压保护开关自动将冷却风扇高速挡电路接通，提高风扇转速，以便快速降低冷凝器的温度和压力或者切断压缩机电磁离合器电路，使压缩机停止运转。（　　）

6. 制冷剂管路的作用是保证制冷剂的流动，可在管路制作压力检测接口，以检查汽车空调制冷系统的压力。 (　　)

7. 蒸发器的作用与冷凝器的作用相反。 (　　)

8. 蒸发器温度控制的目的是防止蒸发器结霜。 (　　)

9. 如果制冷系统压力过低，说明制冷剂过多。 (　　)

10. 不同压力保护开关的安装位置和作用均有所不同。 (　　)

三、单项选择题

1. 蒸发器中制冷剂的状态为 (　　)。

A. 高压气态　　B. 高压液态

C. 低压气态　　D. 低压液态

2. 膨胀阀安装在 (　　)。

A. 压缩机与冷凝器之间　　B. 蒸发器入口处

C. 冷凝器与过滤器之间　　D. 蒸发器与压缩机之间

3. 储液干燥器安装在 (　　)。

A. 冷凝器与膨胀阀之间　　B. 蒸发器与压缩机之间

C. 压缩机与冷凝器之间　　D. 膨胀阀与冷凝器之间

4. 压缩机送往冷凝器的 (　　) 气态制冷剂，处于过热状态，其与温度较低的冷凝器接触后，通过热传导、热对流进行热量交换，气态制冷剂被冷凝成中温高压液态制冷剂。

A. 高温高压　　B. 高温低压

C. 中温中压　　D. 中温低压

5. 冷凝器直接安装在发动机散热器的 (　　) 方。

A. 上　　B. 下

C. 前　　D. 后

6. (　　) 是汽车空调制冷系统的高压与低压分界点。

A. 压缩机　　B. 冷凝器

C. 贮液干燥器　　D. 膨胀阀

7. 压缩机的运行控制主要由 (　　) 执行。

A. 膨胀阀　　B. 冷凝器

C. 贮液干燥器　　D. 电磁离合器

8．目前，常用的蒸发器温度控制方法是使用（　　）式温度传感器。

A．电热　　B．滑动变阻

C．热敏电阻　　D．霍尔

9．高压保护开关通常安装在（　　）上。

A．压缩机　　B．冷凝器

C．贮液干燥器　　D．膨胀阀

10．从膨胀阀输出的制冷剂呈低温低压（　　）。

A．气态　　B．雾状

C．液态　　D．固态

四、看图填空题

1．将汽车空调制冷系统主要组成部件的名称填写在下图中的横线上。

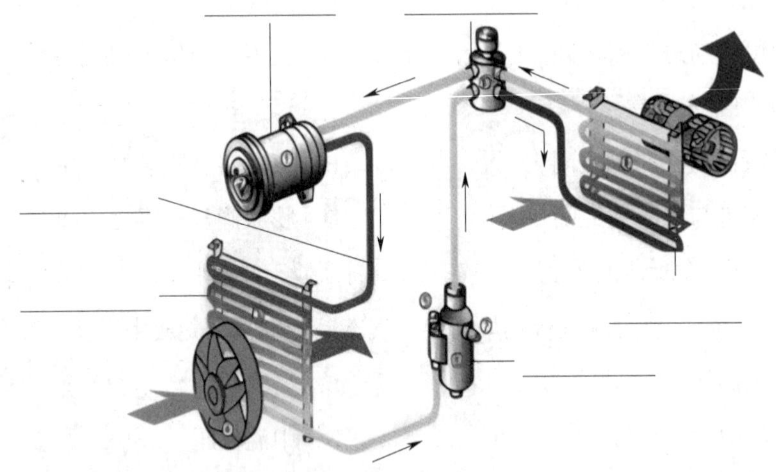

2．将汽车空调压缩机电磁离合器主要结构的名称填写在下图中的横线上。

五、简答题

1. 根据下图简述汽车空调制冷系统的工作原理。

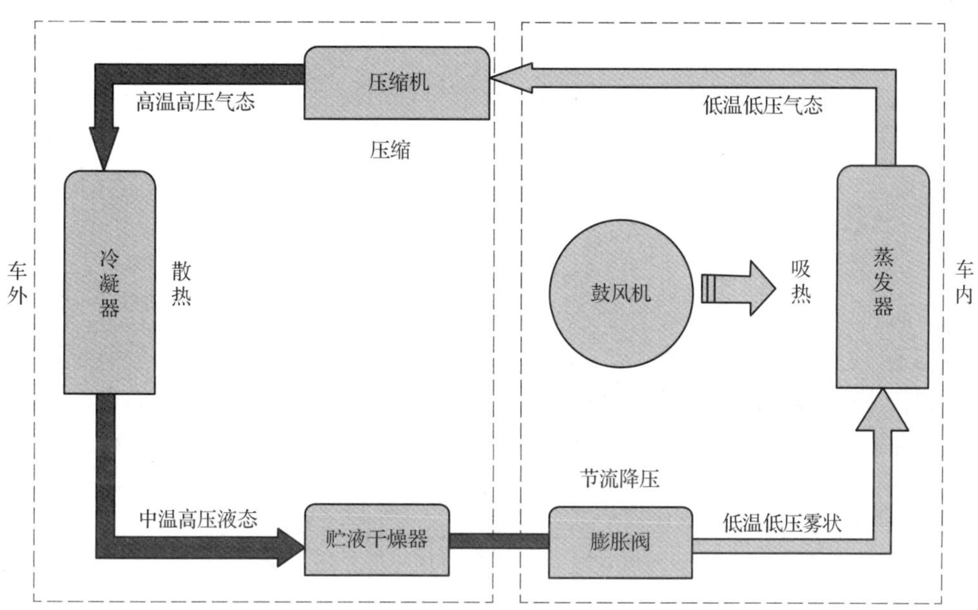

2. 简述压缩机的运行控制原理。

3. 根据下图简述蒸发器温度控制原理。

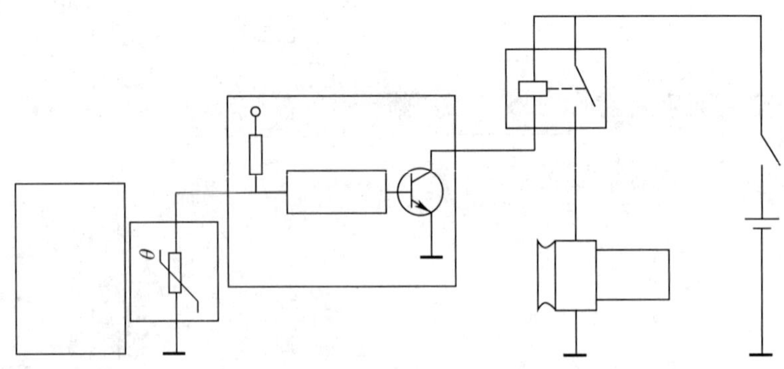

4. 简述汽车空调制冷系统压力异常的不良影响。

任务3　汽车空调系统维修

一、填空题

1. ______________主要用来储存多余制冷剂、吸附水分和过滤杂质等。

2. 电子卤素检漏仪是根据___________在一定的电场中极易发生______而产生______的原理制成的。

3. 目前，汽车空调系统常用的制冷剂是______________。

4. 歧管压力表主要由两个_________、两个_________、三个软管接头和歧管压力表座组成。

5. 制冷剂回收加注机集制冷剂回收、净化、加注和_________、______、_________________等多种功能于一体。

6. 歧管压力表主要用于汽车空调系统___________、_______________、_________________和___________等。

7. _________________是打开小容量制冷剂罐（400 g 左右）的专用工具。

8. 汽车空调系统通过_________检查制冷剂量。

9. 清洁汽车空调制冷系统时，须用______或______________进行清洗。

10. 利用真空泵可将汽车空调系统中的空气和水分排出，以防系统出现______现象。

二、判断题

1. 制冷剂过多或不足时都可能引起汽车空调制冷系统制冷效果变差。（　　）

2. 使用歧管压力表检测汽车空调制冷系统压力时，高压手动阀和低压手动阀均应关闭。（　　）

3. 汽车空调制冷系统加注制冷剂之前应补充冷冻机油。（　　）

4. 气态制冷剂一般从汽车空调系统低压侧加注，适合检漏后注满制冷剂或给系统内补充制冷剂。（　　）

5. 歧管压力表的低压接头连接红色软管。（　　）

6. 维修或更换压缩机时不需要回收制冷剂，可以直接排放到空气中。（　　）

7. 歧管压力表使用时，高、低压接头的接法永远不变，变化的只是中间接头。（　　）

8．加注的制冷剂量过大时，视液窗下会有大量气泡流过。（ ）

9．拆下制冷剂管路后，应立即堵塞管路接口，以保证管路清洁。（ ）

10．制冷剂在高温下吸收被冷却物的热量，然后在较低温度下转移给冷却空气。（ ）

三、单项选择题

1．在制冷剂罐上安装制冷剂加注阀之前，应先（ ）方向转动蝶形手柄，使其前端的针阀完全缩回。

A．按顺时针　　B．按逆时针

C．按顺时针再按逆时针　　D．按任意

2．抽真空时，歧管压力表的手动阀状态为（ ）。

A．高压手动阀和低压手动阀同时开启

B．高压手动阀和低压手动阀同时关闭

C．高压手动阀关闭、低压手动阀开启

D．高压手动阀开启、低压手动阀关闭

3．加注的制冷剂量不足时，（ ）。

A．视液窗下一片清晰　　B．视液窗下有少量气泡流过

C．视液窗下没有气泡流过　　D．视液窗下有大量气泡出现

4．歧管压力表通过软管与汽车空调系统连接，软管有多种颜色，（ ）色软管用于连接低压侧。

A．蓝　　B．红

C．绿　　D．黄

5．正常情况下，汽车空调系统低压侧压力应为（ ）。

A．1 400~1 600 kPa　　B．1 400~1 600 MPa

C．150~250 kPa　　D．150~250 MPa

6．下列选项中，不属于汽车空调制冷系统不制冷故障原因的是（ ）。

A．压缩机电磁离合器线圈或电路断路

B．压缩机损坏

C．制冷剂泄漏

D．制冷剂过多

7．下列选项中，不属于汽车空调制冷系统噪声大故障原因的是（　　）。

A．压缩机传动带松紧度调整不当　　B．压缩机内部部件磨损严重、配合松旷

C．制冷剂泄漏　　D．制冷剂过多

8．连接制冷剂管路时，应先在密封圈上涂抹专用（　　）。

A．冷冻机油　　B．润滑油

C．润滑脂　　D．制冷剂

9．（　　）是汽车空调系统完成制冷循环的工质。

A．冷冻机油　　B．润滑油

C．润滑脂　　D．制冷剂

10．制冷剂加注的基本流程是（　　）。

A．抽真空→从低压侧加注气态制冷剂→检漏→从高压侧加注液态制冷剂→检查制冷剂量

B．抽真空→从高压侧加注液态制冷剂→检漏→从低压侧加注气态制冷剂→检查制冷剂量

C．抽真空→检漏→从高压侧加注液态制冷剂→从低压侧加注气态制冷剂→检查制冷剂量

D．抽真空→检漏→从低压侧加注气态制冷剂→从高压侧加注液态制冷剂→检查制冷剂量

四、看图填空题

1．将歧管压力表主要组成部件的名称填写在下图中的横线上。

2．将制冷剂回收加注机主要组成部件的名称填写在下图中的横线上。

五、简答题

1．简述汽车空调系统风量不足或无风的故障原因。

2．简述使用歧管压力表检测汽车空调系统压力的方法。

3．简述冷冻机油的作用。

4．简述歧管压力表的主要功能。

项目八　汽车电路分析

任务1　汽车电路识读与检修

一、填空题

1. 汽车电路图是汽车电路的图示形式，是利用电气符号中的各种____________、__________等来表示汽车电路的构成、连接关系和工作原理的一种电路图。

2. 汽车电路图主要用于表达汽车各电气系统的_____、__________以及各电气设备之间的连接关系。

3. 汽车电路图的类型较多，常用的主要包括__________、____________和线束图等。

4. 电路原理图是一种采用__________、__________等电气符号，较为详细、完整地表示汽车电路的组成、连接关系和工作原理的图示方式。

5. 电源部分到各用电设备熔丝或开关的导线是电气设备的__________。

6. 汽车电路的特点是________、________，各用电设备相互并联，继电器和开关串联在电路中。

7. 整车电路按_____和__________划分成若干独立的电路系统。

8. 任何一个完整的电路都由_____、__________、_____、_____等组成。

二、判断题

1. 电路原理图需要考虑电气设备的实际位置。（　　）

2. 各汽车生产厂家绘制的汽车电路图相同。（　　）

3. 电路图中开关的触点一般位于零位或静态。（　　）

4. 汽车用电设备都受熔丝的保护。（　　）

5. 回路是指从一个电源的正极出发，经过用电设备，回到另一个电源的负极。（　　）

6. 开关是控制电路通、断的关键。（　　）

7. 任何一个电路系统都应该是一个完整的电路，都应遵循回路原则。（　　）

8. 断路法适用于电路中发生搭铁短路或内部短路故障的情况。（　　）

三、单项选择题

1.（　　）是一种采用框形符号绘制，概略地表示电气系统的基本组成、相互关系及其主要特征的简图。

A. 原理框图　　B. 电路原理图

C. 线束图　　D. 布置图

2.（　　）表明了汽车线束与各电气设备的连接部位、接线柱的标记、插接器的形状和位置等信息。

A. 原理框图　　B. 电路原理图

C. 线束图　　D. 布置图

3.（　　）是从总体上描述系统或分系统的，是系统或分系统设计初期的产物。

A. 原理框图　　B. 电路原理图

C. 线束图　　D. 布置图

4. 检测电路故障时，（　　）适用于开关类电气元件或电路发生断路故障的情况。

A. 直观法　　B. 替换法

C. 断路法　　D. 短路法

5. 检测电路故障时，（　　）主要用于一些不能拆检的整体式电气元件。

A. 直观法　　B. 替换法

C. 断路法　　D. 短路法

6. 下列选项中，关于汽车线束修理描述错误的是（　　）。

A. 焊接导线前可使用尖嘴钳、剪刀等工具将导线一端线头剥去一段绝缘层

B. 断开线束的插接器时，必须压下锁止装置

C. 焊接导线前应选用合适尺寸的套管和导线接头，套上线头

D. 焊接导线时，先用电烙铁加热线芯，再用焊锡与接头接触使其熔接

四、简答题

1. 简述汽车电路图的一般规律。

2. 简述识读汽车电路图的一般方法。

3. 简述使用压套法修复断线的步骤。

任务 2　比亚迪汽车电路图分析

一、填空题

根据下图所示的比亚迪汽车右前电动车窗电路图，完成填空。

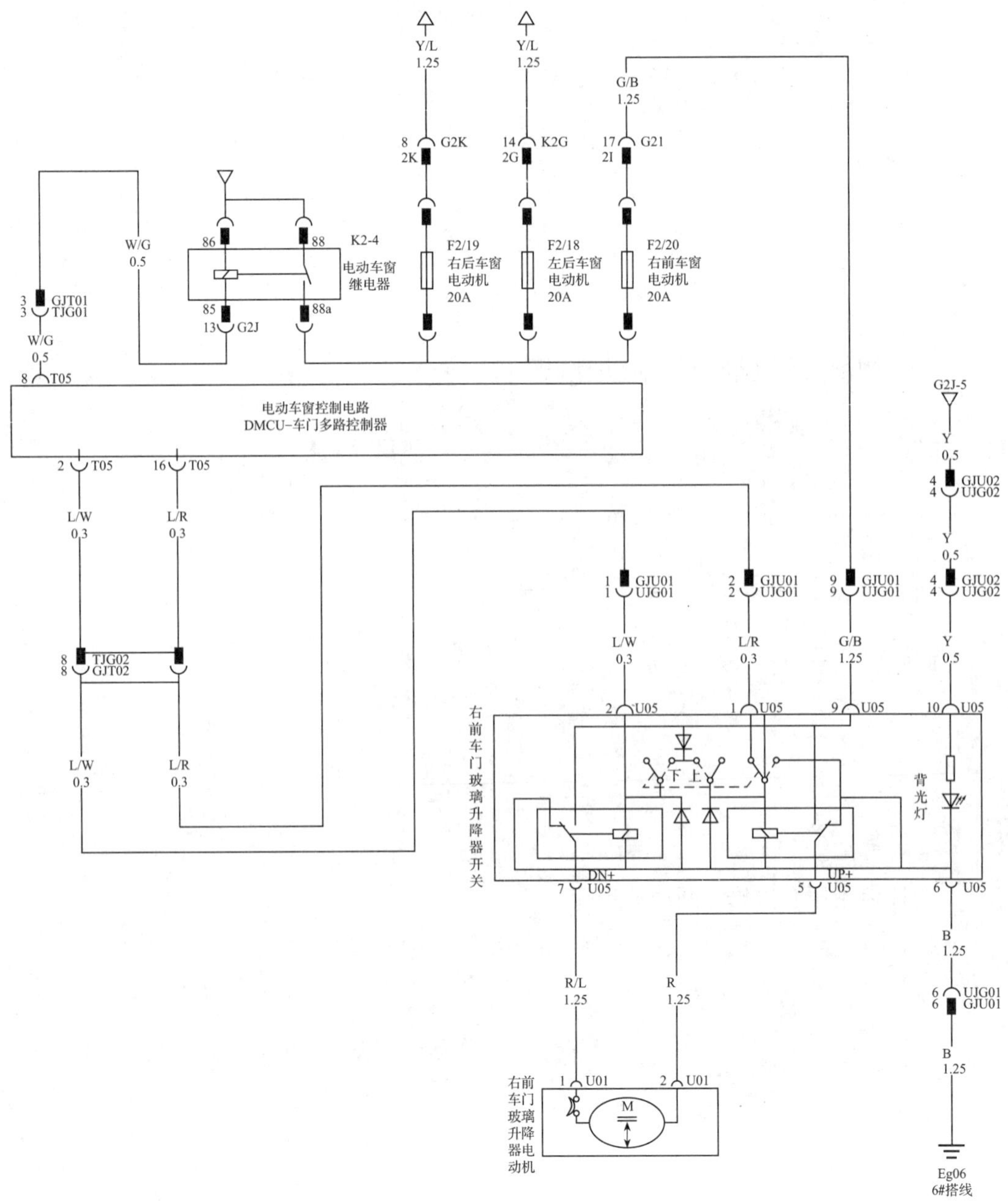

1．K2-4 表示________________________。

2．F2/20 表示__________。

3．G21 表示__________。

4．DN+ 表示_________________。

5．Eg06 表示__________。

二、单项选择题

1．比亚迪汽车电路图中的图形符号表示（　　）。

A．继电器　　　　B．发动机冷却液温度表

C．蓄电池　　　　D．压力传感器

2．比亚迪汽车电路图中的图形符号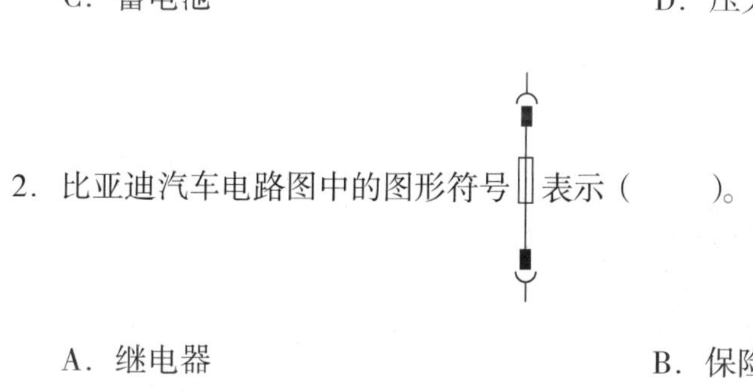表示（　　）。

A．继电器　　　　B．保险丝

C．可变电阻器　　　　D．压力传感器

3．比亚迪汽车电路图中的图形符号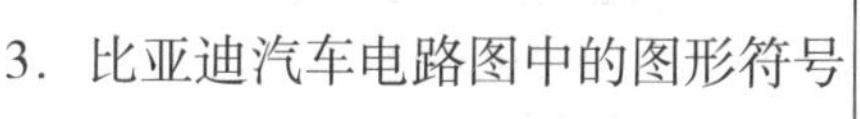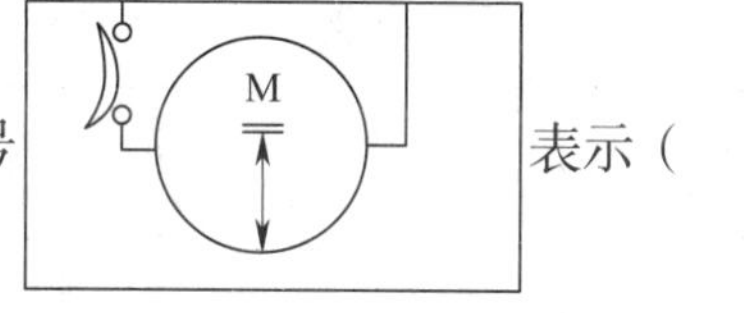

表示（　　）。

A．车门玻璃升降器电动机　　　　B．保险丝

C．可变电阻器　　　　D．压力传感器

4．比亚迪汽车电路图中的图形符号表示（　　）。

A．点火开关　　　　B．起动机

C．继电器　　　　D．搭铁

5. 比亚迪汽车电路图中的图形符号 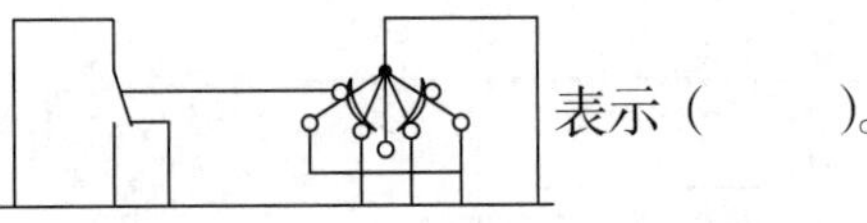 表示（　　）。

A. 点火开关　　　　B. 起动机

C. 车门玻璃升降器开关　　　　D. 继电器

三、简答题

1. 简述比亚迪汽车电路图册的组成。

2. 写出下列比亚迪汽车电路图常用图形符号的含义。

序号	图形符号	含义	序号	图形符号	含义
1			3		
2			4		

续表

序号	图形符号	含义	序号	图形符号	含义
5	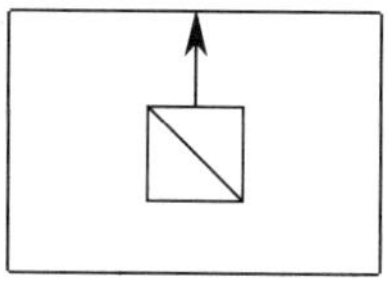		11	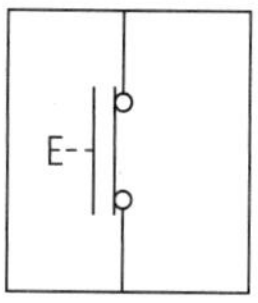 E-	
6			12		
7	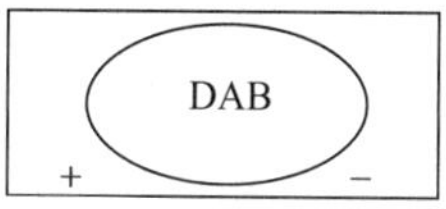 DAB + −		13	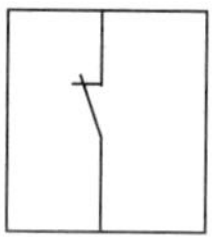	
8	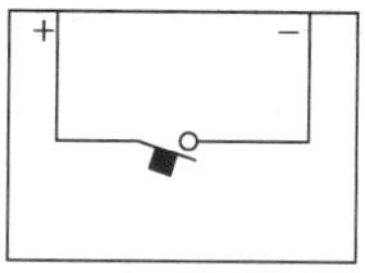 + −		14	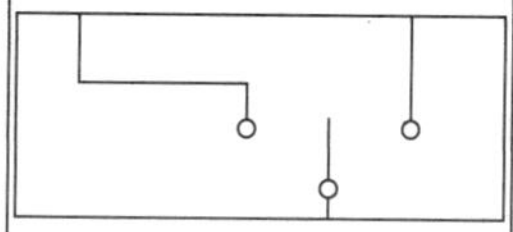	
9	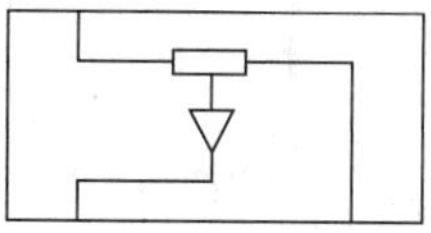		15	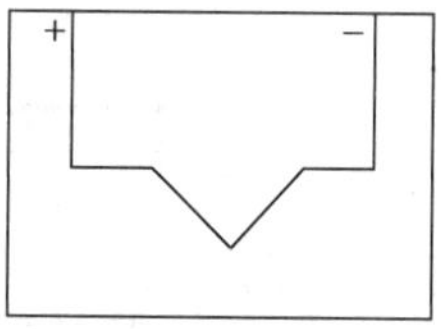 + −	
10	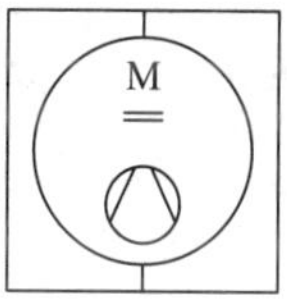 M		16		

任务3 大众汽车电路图分析

一、填空题

根据下图所示的大众汽车电源系统电路图，完成填空。

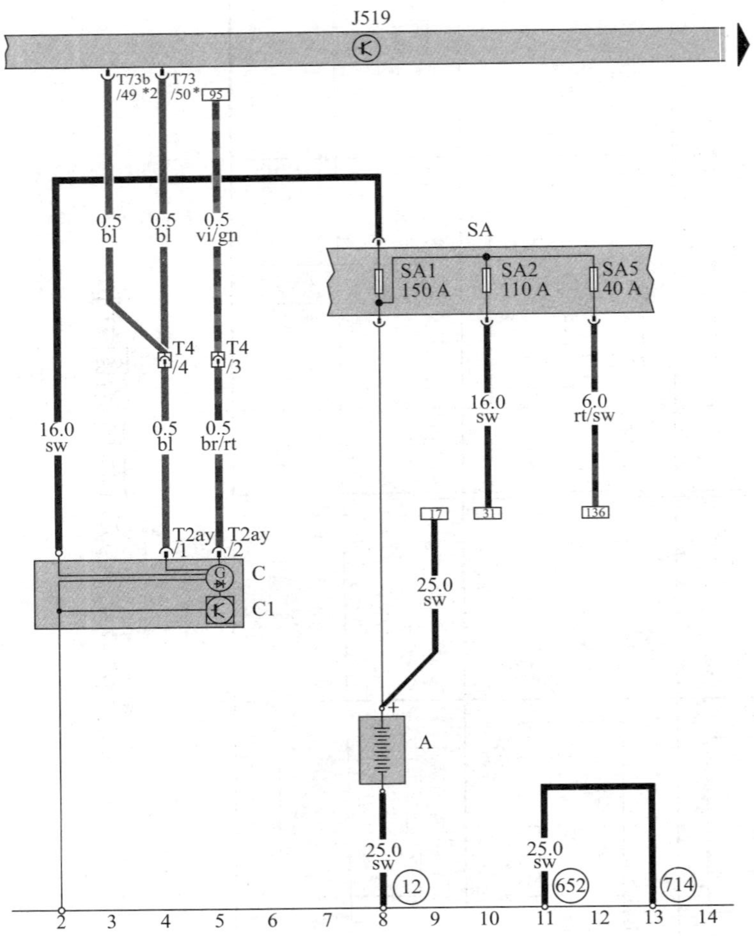

A	蓄电池
C	交流发电机
C1	电压调节器
J519	车载电网控制单元
SA	保险丝架A
SA1	保险丝架A上的保险丝1
SA2	保险丝架A上的保险丝2
SA5	保险丝架A上的保险丝5
T2ay	2 芯插头连接
T4	4 芯插头连接
T73	73 芯插头连接
T73b	73 芯插头连接
(12)	发动机舱内左侧接地点
(652)	变速器和发动机地线的接地点
(714)	发动机上右侧接地点
*	仅适用于带低端基本装备（AW0）的车辆
*2	仅适用于带高端基本装备（AW1）的车辆

ws=白色
sw=黑色
ro =红色
rt =红色
br =褐色
gn=绿色
bl =蓝色
gr =灰色
li =淡紫色
vi =淡紫色
ge=黄色
or =橘黄色
rs =粉红色

1. SA 表示____________。

2. A 表示__________。

3. J519 表示___________________________。

4. C 表示_________________。

5. T4 表示_________________。

6. ws 表示______。

二、单项选择题

1. 大众汽车电路图中的图形符号 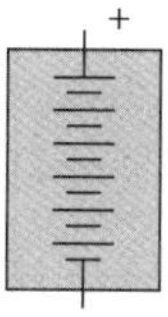 表示（　　）。

A. 继电器　　B. 发动机冷却液温度表

C. 蓄电池　　D. 电动机

2. 大众汽车电路图中的图形符号 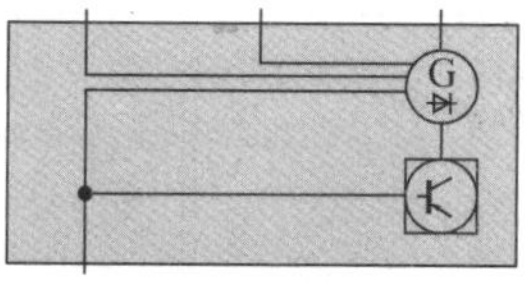 表示（　　）。

A. 蓄电池　　B. 交流发电机

C. 可变电阻器　　D. 氧传感器

3. 大众汽车电路图中的图形符号 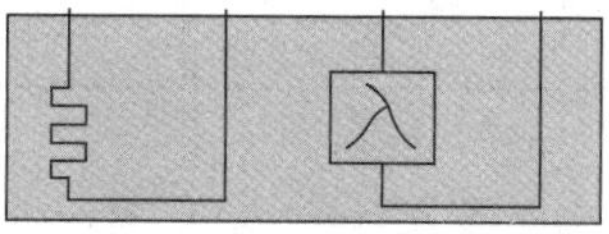 表示（　　）。

A. 点火线圈　　B. 氧传感器

C. 可变电阻器　　D. 继电器

4. 大众汽车电路图中的图形符号 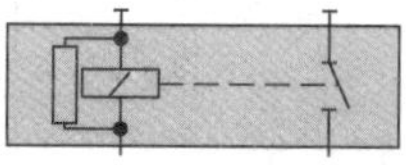 表示（　　）。

A. 点火线圈　　B. 氧传感器

C. 可变电阻器　　D. 继电器

5. 大众汽车电路图中的图形符号 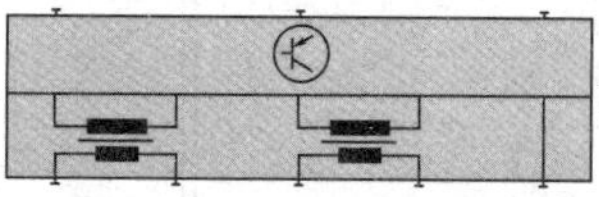 表示（　　）。

A. 点火线圈　　B. 氧传感器

C. 可变电阻器　　D. 继电器

三、简答题

1．简述大众汽车电路图册的组成。

2．写出下列大众汽车电路图常用图形符号的含义。

序号	图形符号	含义	序号	图形符号	含义
1	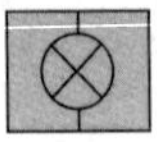		9	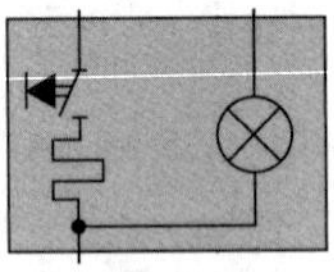	
2			10	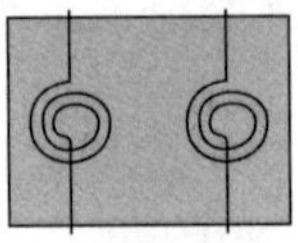	
3	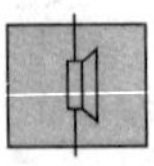		11	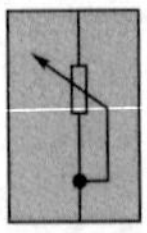	
4			12	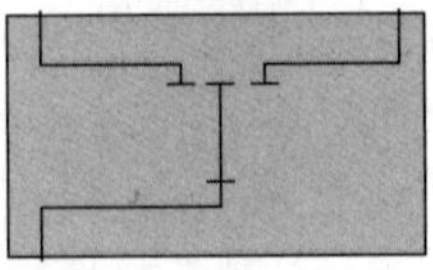	
5	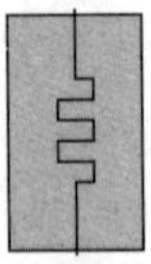		13	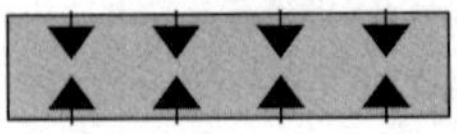	
6	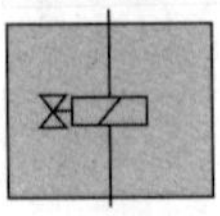		14		
7	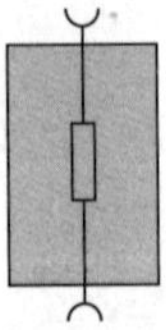		15	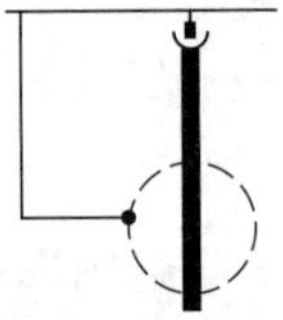	
8	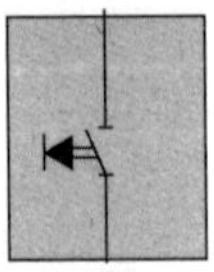		16	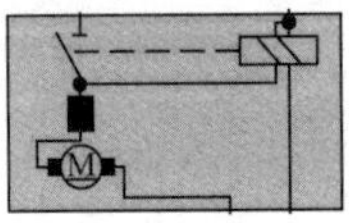	

任务 4 丰田汽车电路图分析

一、填空题

根据下图所示的丰田汽车点火系统电路图，完成填空。

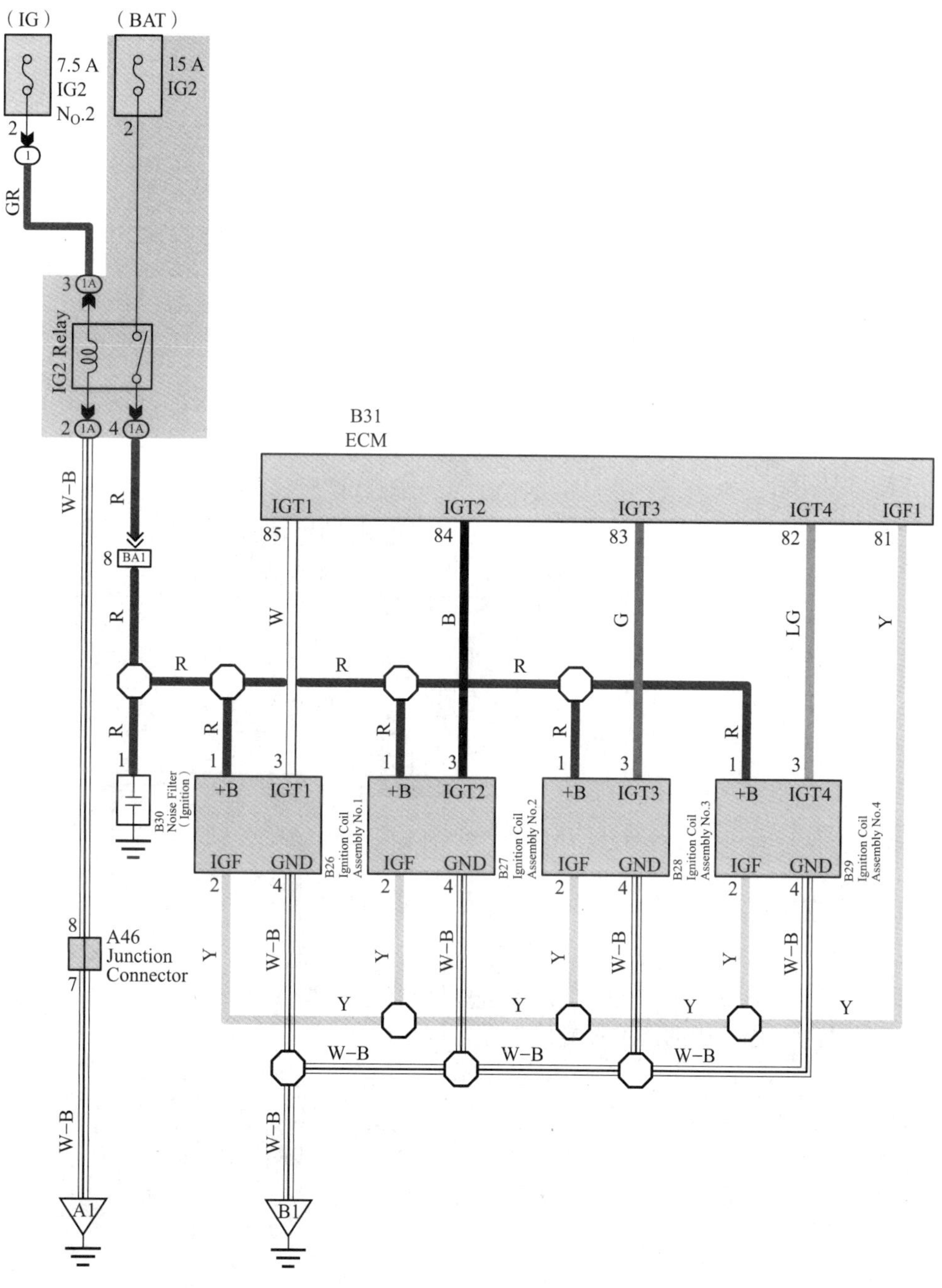

1. IG2 Relay 表示__________。

2. A46 表示________________。

3. BA1 表示__________。

4. B26、B27、B28、B29 表示______________。

5. B31 表示________________________。

二、单项选择题

1. 丰田汽车电路图中的图形符号表示（　　）。

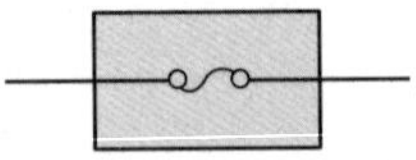

A. 继电器　　B. 发动机冷却液温度表

C. 蓄电池　　D. 保险丝

2. 丰田汽车电路图中的图形符号表示（　　）。

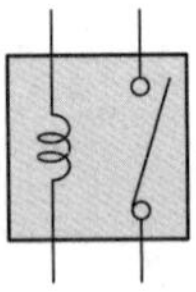

A. 继电器　　B. 保险丝

C. 可变电阻器　　D. 起动机总成

3. 丰田汽车电路图中的图形符号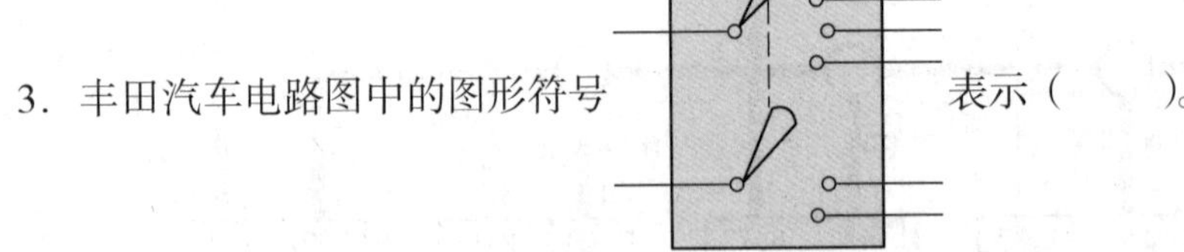表示（　　）。

A. 点火线圈　　B. 保险丝

C. 点火开关　　D. 继电器

4. 丰田汽车电路图中的图形符号表示（　　）。

A. 点火开关　　B. 点火线圈

C. 发光二极管　　D. 发电机

5. 丰田汽车电路图中的图形符号⏚表示（　　）。

A. 插接器　　　　B. 保险丝

C. 搭铁　　　　D. 继电器

三、简答题

1. 简述丰田汽车电路图手册的组成。

2. 写出下列丰田汽车电路图常用图形符号的含义。

序号	图形符号	含义	序号	图形符号	含义
1	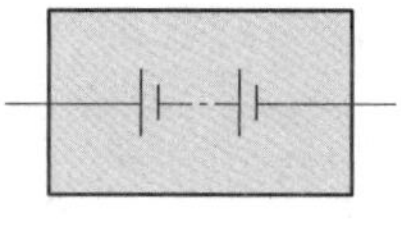		4		
2	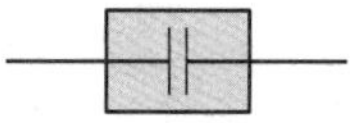		5		
3	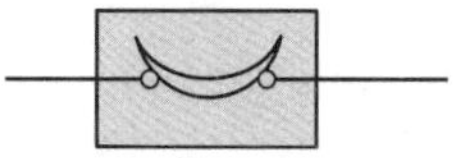		6	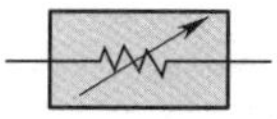	

续表

序号	图形符号	含义	序号	图形符号	含义
7	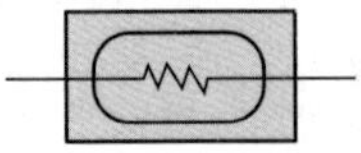		12	 M	
8	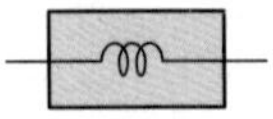		13		
9	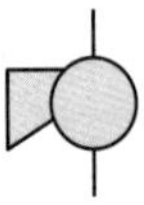		14	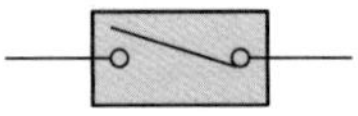	
10	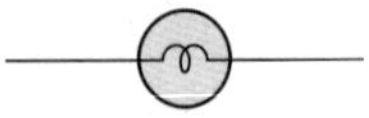		15	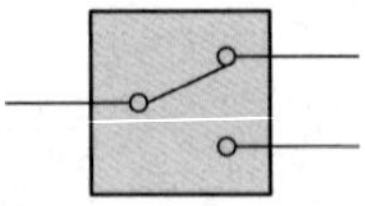	
11	 FUEL		16	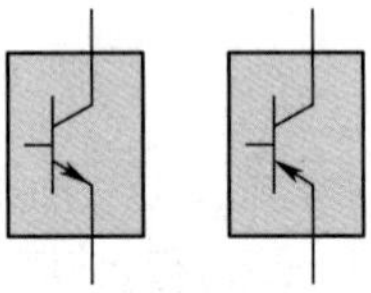	

任务 5　雪佛兰汽车电路图分析

一、填空题

根据下图所示的雪佛兰汽车起动系统电路图，完成填空。

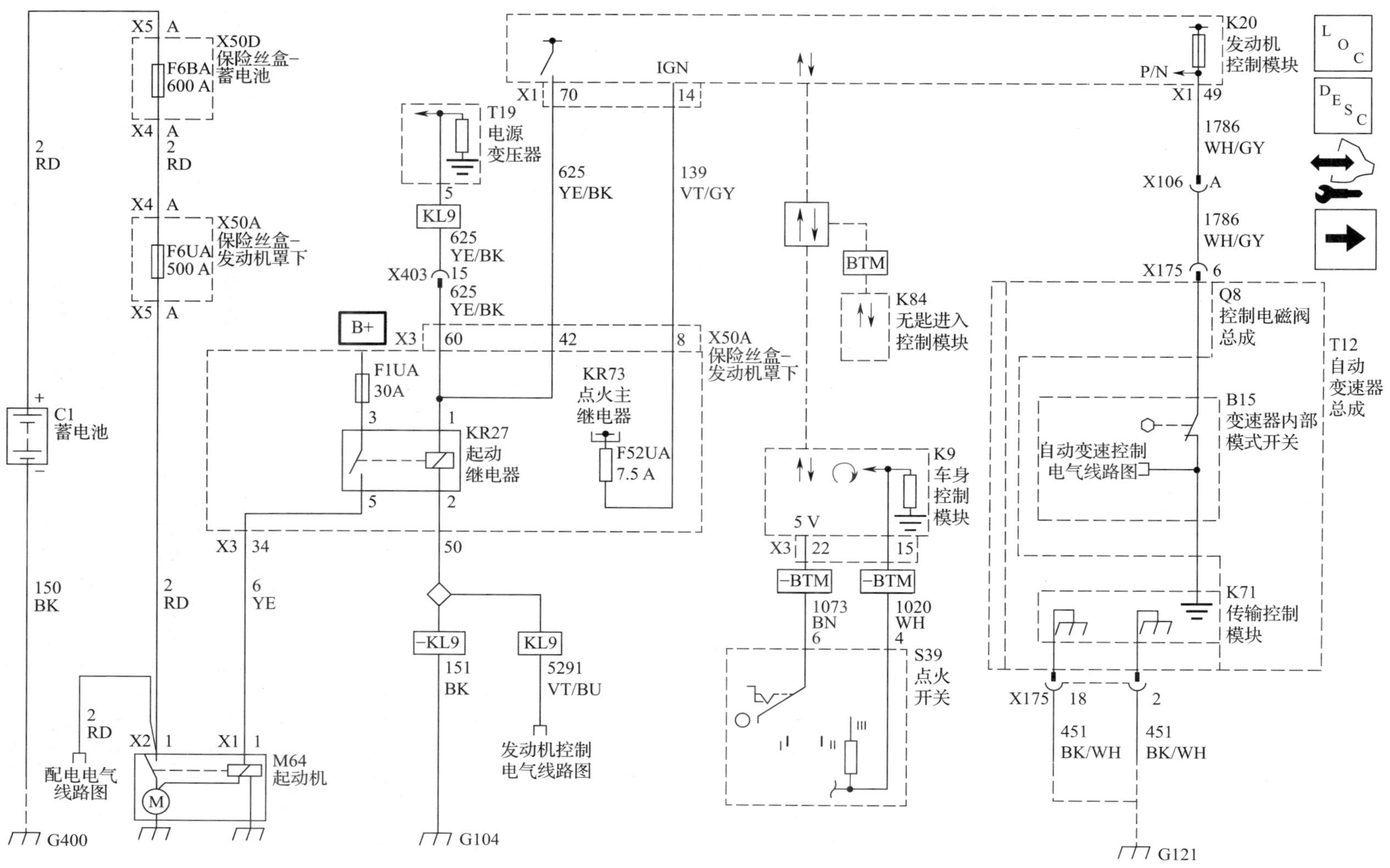

X5 A
X50D
保险丝盒-
蓄电池
F6BA
600 A
X4 A
2
RD
X50A
保险丝盒-
发动机罩下
F6UA
500 A
C1
蓄电池
150
BK
G400
T19
电源
变压器
5
KL9
625
YE/BK
X403
15
B+
X3
60
42
8
F1UA
30A
3
1
KR27
起动
继电器
5
2
KR73
点火主
继电器
F52UA
7.5 A
34
50
6
YE
-KL9
151
BK
G104
KL9
5291
VT/BU
发动机控制
电气线路图
配电电气
线路图
X2
X1
M64
起动机
X1
70
IGN
14
139
VT/GY
BTM
K84
无匙进入
控制模块
K9
车身
控制
模块
5 V
22
15
-BTM
1073
BN
6
1020
WH
4
S39
点火
开关
K20
发动机
控制模块
P/N
49
1786
WH/GY
X106
A
X175
6
Q8
控制电磁阀
总成
T12
自动
变速器
总成
B15
变速器内部
模式开关
自动变速控制
电气线路图
K71
传输控制
模块
18
2
451
BK/WH
G121

1．S39 表示________。

2．K20 表示________________。

3．M64 表示________。

4．C1 表示________。

5．KR27 表示____________。

二、单项选择题

1．雪佛兰汽车电路图中的图形符号 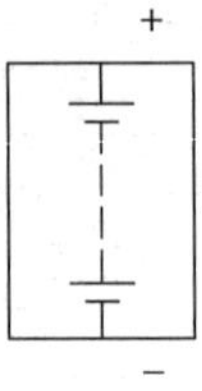 表示（　　）。

A．继电器　　B．发动机冷却液温度表

C．蓄电池　　D．压力传感器

2．雪佛兰汽车电路图中的图形符号  表示（　　）。

A．继电器　　B．保险丝

C．可变电阻器　　D．压力传感器

3．雪佛兰汽车电路图中的图形符号 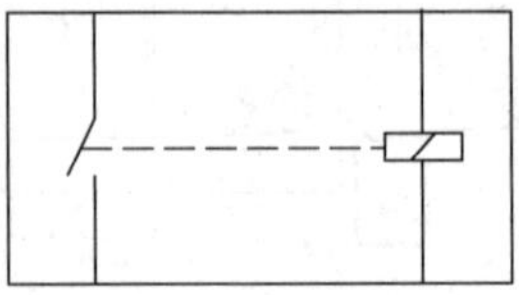 表示（　　）。

A．继电器　　B．保险丝

C．可变电阻器　　D．压力传感器

4．雪佛兰汽车电路图中的图形符号  表示（　　）。

A．搭铁　　B．电动机

C．继电器　　D．发电机

5．雪佛兰汽车电路图中的图形符号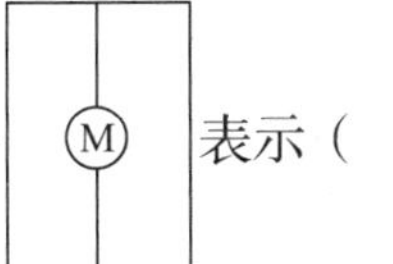表示（　　）。

A．点火开关　　　　B．电动机

C．继电器　　　　D．可变电阻器

三、简答题

1．简述雪佛兰汽车电路图组成。

2．写出下列雪佛兰汽车电路图常用图形符号的含义。

序号	图形符号	含义	序号	图形符号	含义
1	B+		4		
2			5		
3			6		

续表

序号	图形符号	含义	序号	图形符号	含义
7	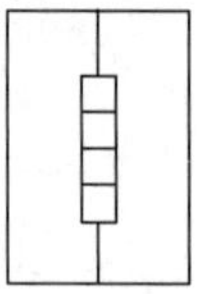		12		
8	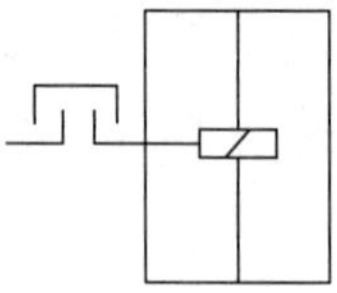		13		
9	IGN 0		14	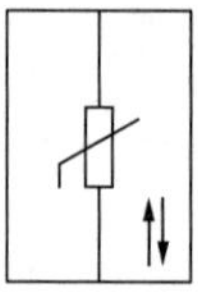	
10			15	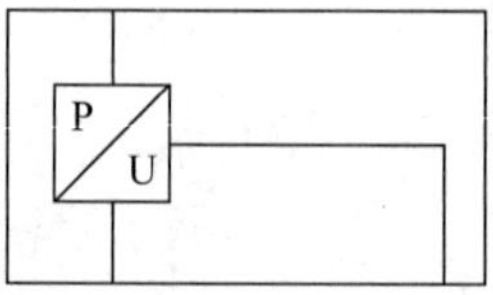 P U	
11			16	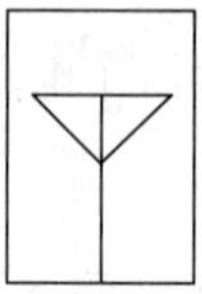